O LÍDER QUE CURA

NICHOLAS JANNI

O LÍDER QUE CURA

Um novo paradigma para a liderança do século 21

Tradução

Diego Franco Gonçales

Planeta ESTRATÉGIA

Título original: *Leader as Healer*

Preparação: Caroline Silva
Revisão: Mariana Gomes e Gleice Couto
Projeto gráfico e diagramação: Renata Zucchini
Capa e ilustração de capa: Eduardo Foresti | Estúdio Foresti Design
Ilustrações de miolo: Renata Zucchini e Freepik

Dados Internacionais de Catalogação na Publicação (CIP)
Angélica Ilacqua CRB-8/7057

Janni, Nicholas
O líder que cura / Nicholas Janni ; tradução de Diego Franco Gonçales. - São Paulo : Planeta do Brasil, 2025.
192 p.

ISBN 978-85-422-3851-8
Título original: Leader as Healer

1. Liderança 2. Desenvolvimento profissional I. Título II. Gonçales, Diego Franco

25-3918 CDD 658.4092

Índice para catálogo sistemático:
1. Liderança

2025
Todos os direitos desta edição reservados à
Editora Planeta do Brasil Ltda.
Rua Bela Cintra, 986, 4º andar – Consolação
São Paulo-SP – CEP 01415-002
www.planetadelivros.com.br
faleconosco@editoraplaneta.com.br

Endossos prévios à publicação

"Este memorável livro enfrenta e responde ao desafio dos líderes mundiais da atualidade: como equilibrar o pensamento linear do lado esquerdo do cérebro com a extraordinária capacidade do lado direito para enxergar o quadro completo. E vai além. As competências de escuta profunda, empatia, inclusão e compaixão são agora reconhecidas e utilizadas por aqueles que tomam as decisões mais bem informadas na política, nas forças armadas, na economia e no direito, bem como nos negócios. São competências necessárias para a sobrevivência da humanidade, e este livro mostra como alcançá-las."

Dra. Scilla Elworthy

Três vezes indicada para o Prêmio Nobel da Paz, fundadora do Oxford Research Group, da Peace Direct e da Business Plan for Peace

---

"*O líder que cura*, livro de Nicholas Janni, aborda o coração de um dos um dos maiores desafios que os líderes enfrentam hoje em dia. Com habilidade, ele delineia o caminho de um elemento central para se tornar um líder no século 21. Não tenho dúvidas de que muitos líderes serão transformados por este livro e de que seu impacto será sentido por seus colegas, funcionários, clientes e fornecedores, e também pela sociedade a que servem."

Andrew White

Pesquisador sênior de Práticas de Gestão (Liderança) na Said Business School, Universidade de Oxford

---

"Os *insights*, a paixão e a capacidade única de Nicholas de (re)conectar líderes e suas equipes com a própria humanidade o destacam como o *coach* de desenvolvimento de liderança mais impactante que conheço – e que já me beneficiou pessoalmente. Em um mundo pós-covid-19, o ambiente corporativo precisa de uma nova visão sobre líderes e liderança. É exatamente o que este livro oferece."

Russell Sheldon

Diretor de operações e tecnologia, TMF Group

"Se a frase 'uma liderança para nosso tempo' pudesse se materializar, ela se materializaria neste livro. Ao ler *O líder que cura*, descobri um dom ressonando profundamente naquilo que é necessário e desejado por mim. Sou um CEO, pai, *coach*, marido, avô e amigo acelerado, sempre em movimento, cronicamente responsável e ultracomprometido, mas descobri um caminho para desacelerar e ser a melhor versão de mim mesmo, um líder com poder de cura. Nicholas é um mestre em *coaching* e agora todos nós podemos nos envolver e aprender com ele. Trata-se de uma leitura obrigatória para qualquer líder que deseje render mais e ser melhor, produzir resultados grandiosos que alimentem, nutram e produzam um mundo onde todos nós prosperaremos. Obrigado, Nicholas."

William (Bill) Adams

CEO e cofundador, Leadership Circle

"Em um mundo de incertezas e sofrimento, *O líder que cura* é um presente de sabedoria, um livro perspicaz, para executivos de qualquer lugar, que catalisa a conexão entre os seres humanos e o autoconhecimento como a gênese da resiliência, do sucesso e da inovação."

Ruben M. Fernandes

CEO Base Metals, Anglo American Plc

"É impossível minimizar a importância do livro de Nicholas Janni. Com um texto belo e lúcido, ele aborda uma fratura fundamental no âmbito dos negócios e da liderança política. É, também, um recurso vital no campo da educação. Vou mencionar este livro profundo para grupos de alunos por todo o mundo, porque ele defende uma cura vital. Se estivermos realmente comprometidos em oferecer aos jovens a melhor educação possível, a beleza do raciocínio acadêmico nunca será suficiente por si só. Trata-se de uma conversa longa, e este livro aborda seus principais temas com coragem e clareza. Espero que seja outro passo rumo a uma era em que a jornada interior que Nicholas Janni descreve torne-se central nos programas de ensino, juntamente com o desenvolvimento da linguagem e da matemática."

Ben Walden

Diretor da Contender Charlie – a serviço do desenvolvimento da liderança na educação

"Este é o tipo de livro de que o mundo precisa agora, pois a volatilidade exige mais do que a maioria é capaz de oferecer em nosso estado atual. É provocativo, convincente e profundamente prático. Se você é líder, precisa ler este livro – e prepare-se para entrar em um estado mais generativo."

Sam Isaacson

Autor de *How to Thrive as a Coach in a Digital World* [Como prosperar como *coach* em um mundo digital], diretor de Serviços de *Coaching*, Governança e Consultoria para Conselhos, Grant Thornton UK LLP

"Neste livro, Nicholas fornece ferramentas práticas que inspirarão líderes a explorarem o máximo de seu potencial. É somente diante de líderes autênticos, vulneráveis e presentes que as pessoas podem se revelar de verdade, se expressar e compartilhar seu valor pleno. Este livro é uma leitura obrigatória para qualquer líder, independentemente de sua posição."

Amir Glogau

Fundador e sócio-gerente, Citrine Capital Partners; fundador e CEO, Guidely

---

"Colaboro com Nicholas desde 2014, tanto pessoal quanto profissionalmente, e este livro resume de forma bela sua visão sobre o que é preciso para se tornar um líder de impacto real. Se desejamos ser melhores líderes, devemos nos tornar melhores seres humanos – fazendo a diferença não apenas por meio de nossas palavras, mas fundamentalmente por meio de nossa presença, incluindo uma profunda sensibilidade para com aqueles que lideramos e com quem interagimos. Se você é líder em qualquer que seja sua posição, as ideias e práticas deste livro servirão como um guia para adentrar seu potencial máximo, sua próxima 'melhor versão', tornando-se um *líder que cura*."

David Graffy

Ex-presidente, ProLift Industrial Equipment;
Representante de turma, Stagen Leadership Academy

"A experiência e a sabedoria de Nicholas servem como uma inestimável bússola para a jornada de vida de todos, de modo a nos tornarmos uma versão melhor de quem somos e de como podemos nos reconectar conosco e com os outros de forma mais significativa, como pessoa e como líder. Sua orientação é prática, direta e mais relevante do que nunca."

Georgios Lampas

CFO, Osem Nestlé, Israel

"Nicholas Janni desenvolveu uma revigorante, desafiadora e otimista abordagem para o desenvolvimento de lideranças. Ele oferece maneiras de acessar todos os recursos pessoais à nossa disposição, desbloqueando perspectivas e energias que, talvez, nem imaginássemos ter ou poder usar em nossa vida profissional. Para alguns, pode parecer algo estranho e até mesmo desconfortável – mas confie e você será recompensado."

Alice Perkins

Agraciada com a Ordem de Bath, ex-diretora de recursos humanos do serviço público do Reino Unido, com ampla experiência no Conselho do Reino Unido para os setores privado e com fins lucrativos, e *coach* de negócios

---

"Nicholas entende de fato o papel da liderança moderna e captura sua essência em *O líder que cura*. Sei, pelo trabalho que desenvolvi com ele, como é notável sua capacidade de se conectar com as pessoas e utilizar métodos que desafiam os líderes a aprofundar sua compreensão de si mesmos."

Aaron Puma

CEO Copper Chile, Anglo American Plc

"Nicholas Janni mostra neste livro ter a capacidade única e preciosa de traduzir os *insights* e as práticas de antigas tradições espirituais para o mundo de hoje e torná-los acessíveis para líderes de diferentes culturas, tempos de experiência e funções. O impacto de seu trabalho é profundo e transformador."

Albrecht Enders

Professor de Estratégia e Inovação, IMD Business School

"*O líder que cura* é a resposta para as nossas crises modernas. Com tanta complexidade e imprevisibilidade em nosso mundo, nossos líderes precisam de novos paradigmas, mentalidades e ferramentas. A resposta é clara: precisamos desenvolver nossos múltiplos níveis de inteligência – física, emocional e intelectual – para nos tornarmos o tipo de líder capaz de administrar nossas organizações, comunidades e o planeta em direção a uma mudança positiva."

Allison Tsao

Fundadora e consultora de desenvolvimento organizacional,
Humans Who Lead

"A mudança é urgente em nosso mundo fragmentado. *O líder que cura* é uma leitura essencial para todos que buscam restaurar e harmonizar a vida daqueles a quem servem, bem como a própria vida. Nicholas Janni ensina que nos tornarmos íntegros e retornar às origens é o modo central de nos capacitarmos para nos tornarmos líderes extraordinários. Ao dedicar o melhor de nós mesmos, oferecemos uma dádiva ilimitada para aqueles que lideramos, recompensando e nutrindo tanto os líderes quanto os liderados. Decerto viveremos a contribuição significativa que *O líder que cura* está prestes a fazer em direção a um futuro em que bem-estar, inovação e sucesso estão naturalmente interligados."

Sally Dunsmore

Diretora, FT Weekend Oxford Literary Festival

"Este livro é essencial para os nossos tempos. O moral e o engajamento dos funcionários estão em uma baixa histórica. Se um líder está desequilibrado, sua família e seus funcionários sentem o impacto. Quando o líder se envolve com o trabalho que Nicholas descreve, impacta positivamente seus funcionários e os ajuda a criar equipes e famílias mais saudáveis. E então temos comunidades energizadas e organizações prósperas que, por sua vez, produzem um mundo mais saudável."

Mark Taylor

Presidente da Vistage International,
maior organização mundial de *coaching* para executivos

"O livro de Nicholas Janni preenche um enorme vazio entre os aproximadamente 60 mil livros disponíveis na Amazon com a palavra 'líder' no título. Este livro deve ser considerado leitura obrigatória para qualquer pessoa em cargos de liderança sênior de qualquer tipo."

Gene Woods

Presidente e CEO, Atrium Health

"Nicholas Janni é pioneiro em liderança transformacional e captura belamente o *zeitgeist* nos negócios. Apresentado como um caminho moderno para um líder ou um guia para a cultura organizacional, o livro se concentra na importância das emoções, corporificação, sintonia relacional, propósito superior, atenção plena e serviço à vida. Escrito a partir do coração de um buscador, da sensibilidade de um diretor de teatro, da experiência de um *coach* de ponta e da visão de um ativista, *O líder que cura* é um manual para a liderança do século que temos à nossa frente."

Amy Elizabeth Fox

CEO, Mobius Executive Leadership

"O mundo precisa que todos os líderes leiam este livro e atentem para suas palavras."

Michelle McMurry-Heath

Presidente e CEO da Biotech Innovation Organization

Sumário

17 **Prefácio**

21 **Introdução** DE UM LÍDER QUE EXECUTA A UM LÍDER QUE CURA
28 Um modelo emergente: um líder que cura
31 Expandindo nossa largura de banda
36 Um novo caminho

41 **Capítulo 1** FUNDAÇÃO: SER E FAZER
46 Realocação do eu
51 Liderança como um trabalho de cura
53 Perspectivas acadêmicas e neurocientíficas
56 A prática

61 **Capítulo 2** ACOLHENDO SUAS EMOÇÕES
64 O princípio
67 Reescrevendo sua mentalidade
71 A linguagem da emoção
72 A paisagem emocional
82 Rubricas coletivas e intergeracionais
84 A prática

89 **Capítulo 3** O PODER DA CORPORIFICAÇÃO
92 O princípio
102 Saúde física
105 A prática

111 **Capítulo 4** UMA VIDA DE PROPÓSITO
114 O princípio
123 Reconectando-se ao propósito
129 A prática

135 **Capítulo 5** ATENÇÃO PLENA E MEDITAÇÃO
137 O princípio
149 A prática
153 Criando uma prática de meditação

157 **Capítulo 6** O CHAMADO
166 O retorno do exílio
168 O chamado

173 **Posfácio**

183 **Agradecimentos**

185 **Notas**

Prefácio

POR EUGENE A. WOODS

De uma pandemia mundial a uma economia típica de épocas de depressão, do conflito racial desencadeado pelo assassinato de George Floyd às divisões e discórdias cavernosas em nossa política global, passando por estarmos à beira de uma catástrofe climática, nos anos entre 2020 e 2022 parecia que todas as nossas estruturas sociais estavam desmoronando sob nossos pés. A verdade é que formas sociais antigas e ultrapassadas já estão se desconstruindo há algum tempo; agora, as rachaduras foram totalmente expostas.

Então, a partir deste ponto, para onde vamos? Como "consertar" as coisas? O que é exigido de nós enquanto indivíduos e enquanto líderes? Em seu livro *Liderar a partir do futuro que emerge*, Otto Scharmer, da MIT Sloan School of Management, conclui: "Este é o momento em que o que mais precisamos é do máximo de pessoas com habilidade, coração e sabedoria para nos ajudar a escapar da beira do colapso e seguir um caminho diferente".[1] Sim, mas como desenvolver "habilidade, coração e sabedoria" para lidar com os desafios sistemáticos, intratáveis e profundamente enraizados que nos confrontam?

Meu bom amigo e *coach* Nicholas Janni desenvolveu este guia, que responde a essa mesma pergunta e preenche o enorme vazio entre os aproximadamente 60 mil livros disponíveis na Amazon que têm a palavra "líder" no título. Nicholas nos leva em uma jornada de experiências que começa por um regresso ao nosso corpo, acolhendo nossas emoções, expandindo nossa largura de banda e capacidade mental, alinhando-nos ao nosso propósito mais profundo, liberando nossa criatividade e regressando ao silêncio.

Conheci Nicholas há vários anos por meio de um amigo em comum, Michael Watkins, autor do *best-seller* internacional *Os primeiros 90 dias*. Nosso encontro ocorreu logo depois que assumi o cargo de CEO de um sistema de saúde de 10 bilhões de dólares, com quase 70 mil funcionários e cinquenta hospitais. Quando conheci Nicholas, não só estava começando um novo emprego em uma nova cidade – e presidindo o conselho da American Hospital Association durante um período tumultuado no campo da saúde –, mas também estava no meio de um divórcio, levando uma vida instável entre caixas em uma casa ainda a ser reformada, ao mesmo tempo que tentava dar apoio emocional ao meu filho em uma difícil mudança de escola.

Sempre dei conta de cargas pesadas, mas o ponteiro da balança estava começando a chegar ao limite e eu precisava de alguém para me ajudar a processar tudo aquilo. Já tendo trabalhado com muitos *coaches* no passado, o que valorizei em Nicholas foi o fato de ele ter uma orientação e abordagem completamente diferentes. Mais do que tudo, ele me ajudou a me firmar no meu verdadeiro propósito: *curar* é a minha vocação fundamental enquanto líder. Depois disso, minha visão sobre o trabalho e o mundo mudou por completo.

Dediquei o trabalho da minha vida a liderar sistemas de saúde de destaque nacional – lugares para onde as pessoas, em seus momentos mais vulneráveis, vão em busca de cura. Elas buscam a cura física, é claro, mas corpos doentes geralmente são acompanhados por uma alma quebrantada, que também precisa ser curada. E o que percebi em minhas sessões com Nicholas é que, com muita frequência, enxergamos outros humanos somente como partes separadas, e não como uma totalidade íntegra. Por quê? Porque vivenciamos nossa própria vida interior de uma maneira muito fragmentada.

Para de fato liderar e conectar, a cura deve começar em nós.

Com a destreza de um *expert* que há muito percorreu a própria jornada de autodescoberta, o direcionamento de Nicholas é claro e preciso e vem de um coração sem julgamentos. Durante os dias sombrios, ele segurava uma luz-guia, iluminando meu caminho para que eu pudesse começar a descongelar e integrar partes de mim mesmo – tanto as pessoais quanto as ancestrais – que tinham se tornado como "blocos congelados de energia".

Para ser claro, a jornada para a cura nunca estará completa, mas o trabalho feito até esse momento já expandiu significativamente minha largura de banda e minha eficácia como líder, o que inclui minha capacidade de promover um ambiente de cura para outros de modo que possam expandir os deles próprios.

Este livro deve ser considerado leitura obrigatória para qualquer pessoa em um cargo de liderança sênior, já que estamos em um momento em que a necessidade de líderes que possam trazer uma verdadeira cura social nunca foi tão importante para a sobrevivência de negócios ou instituições sociais e políticas – ou para nós enquanto espécie. Além disso, todos nós ansiamos por uma conexão verdadeira, e este livro, ou melhor, este diálogo, aborda isso também. Que seja para você um diálogo de descoberta sobre o que significa trazer totalidade integrada à liderança, com o serviço de cura no topo da lista de prioridades.

Acima de tudo, Nicholas escreveu um guia essencial para ajudá-lo a descobrir o que significa ser um *líder que cura*.

GENE WOODS

Presidente e CEO, Atrium Health

INTRODUÇÃO

De um líder que executa a um líder que cura

Os tempos urgem por corrigir a normalização de modos de pensar e agir cronicamente desequilibrados.

Este é um livro sobre os mais altos níveis de presença e liderança de desempenho máximo e as culturas que deles decorrem, nas quais bem-estar, resultados e contribuição para o mundo estão naturalmente entrelaçados.

É, acima de tudo, um chamado para romper com as formas cronicamente desequilibradas de pensar e agir que se tornaram a norma em tantas culturas corporativas, nas quais o "fazer" eclipsa o "ser", e o pensamento analítico hiper-racional relega os sentimentos, a percepção, a intuição e o transpessoal às margens da vida.

Acredito que o fracasso em corrigir esse desequilíbrio é extremamente prejudicial não apenas para o desempenho individual e organizacional, mas também para a nossa capacidade de criar futuros saudáveis e prósperos.

Neste livro, delineio um caminho teórico e prático para um novo paradigma de liderança. Trata-se de um caminho de *restauração*, por meio do qual reintegramos aspectos antes exilados de nossa natureza: o físico, o emocional e o transpessoal. Nesse caminho, o brilho e a sofisticação do eu pensante ocupam seu devido lugar ao lado do eu sensorial e do eu emocional, criando juntos uma inteligência muito maior, mais holística.

Para enfrentar o escopo e as ameaças dos desafios do século 21, os líderes de hoje devem ter uma grande capacidade de lógica, razão, discernimento e predição estratégica. No entanto, também devem ser

“Trata-se de um caminho de restauração, por meio do qual reintegramos aspectos antes exilados de nossa natureza: o físico, o emocional e o transpessoal.”

empáticos e, portanto, corporificados; aterrados e, portanto, intuitivos. Devem ser habilidosos em atenção plena e escuta profunda; presentes e receptivos a níveis mais elevados de percepção e inovação; capazes de inspirar engajamento e colaboração autênticos; e ter um senso claro e sincero de serviço, missão e propósito.

Eu chamo esse líder de *líder que cura.*

Ninguém pode duvidar do inacreditável impacto dos últimos anos em nossos ambientes organizacionais. Das oscilações radicais no mercado, do impacto de uma emergência climática global até a pandemia de covid-19, a disrupção, a instabilidade e a imprevisibilidade aceleradas criaram um teste decisivo para as lideranças. Alguns líderes se destacaram magnificamente, mobilizando suas empresas ou nações para responder de maneira efetiva a esses e outros desafios, ao mesmo tempo que projetavam compaixão e ofereciam o reconforto necessário. As pessoas confiam nesses líderes.

No entanto, muitos líderes tentam enfrentar esses desafios sem precedentes sob o contexto de um antigo e moribundo modelo de governança. Como resultado, acabam incapazes ou relutantes em agir decisivamente em nome de seus *stakeholders* e constituintes. Não é de surpreender – eles trabalham de acordo com os modelos e mentalidades que lhes foram ensinados desde cedo e que nossa cultura normalizou. Com muita frequência, esses líderes também agem, aberta ou veladamente, por interesse próprio, priorizando e protegendo as próprias posições. Eles não oferecem segurança, uma base de resiliência ou credibilidade para enfrentar a turbulência psicológica e econômica. As ações de tais líderes induzem fraturas, desconfiança e disfunção entre as pessoas.

Nessas respostas amplamente divergentes, vejo dois modelos de liderança em ação: o líder que executa e o líder que cura.

Nas últimas décadas, à medida que o mundo buscava, acima de tudo, crescimento e eficiência, o líder que executa se tornou dominante como modelo de negócios global, sendo o padrão que enxerga os "grandes" líderes como impulsionadores da ação e agentes da disciplina. Seus relacionamentos são transacionais, e seus objetivos são principalmente instrumentais: maximizar o lucro e o retorno dos acionistas. O poder do líder que executa repousa em uma espada metafórica a ser empunhada no perpétuo campo de batalha da competição empresarial. E trata-se de uma guerra de atrito.

O líder que executa opera em uma largura de banda estreita, caracterizada pela primazia da mente racional e estratégica. Ele geralmente está desconectado do eu emocional e do físico, o que cria uma ausência de escuta profunda e receptividade. Ele age quase sempre na modalidade "fazer", com pouco ou nenhum acesso ao "ser".

Mas todos os modelos devem evoluir para atender ao contexto em mudança.

A crise global da covid-19 expôs a liderança-executora no que ela é agora: inadequada para enfrentar os enormes desafios sistêmicos que enfrentamos no "novo anormal". Inadequada porque a mente racional e linear sempre busca reduzir tudo a termos conhecíveis, previsíveis e replicáveis. No entanto, a crescente complexidade do nosso tempo não pode e não vai ceder a tal abordagem. Para prosperar, e não apenas sobreviver em meio à intensa disrupção, são necessárias novas competências estratégicas, níveis elevados de pensamento inovador e capacidades avançadas de receptividade e abertura.

Que a liderança-executora ainda seja considerada o padrão-ouro, o modelo sob o qual tudo o mais deve operar, é uma prova de quão arraigado se tornou um paradigma que já não nos atende mais. A adesão cega a esse estilo ultrapassado cria líderes não mais adequados ao propósito, bem como uma modalidade de ação que representa ameaças à saúde de longo prazo de nossas sociedades.

Percebo, pelo meu trabalho, que a maioria dos executivos sabe instintivamente quando estão liderando de forma desequilibrada e insustentável. Eles sabem por causa do estresse e da frustração que isso cria. Sabem por causa da falta de significado e conexão, e até mesmo do desespero que eles às vezes sentem. No entanto, no campo da educação corporativa, é notável a pouca ênfase ou a falta de instruções sobre o desenvolvimento interior do líder, ou sobre a maturidade emocional, ética e espiritual que é exigida deles. As pessoas são empurradas para posições seniores de responsabilidade com uma falta de preparo que, em muitos outros campos, seria impensável.

Mesmo antes da pandemia, muitos diretores-executivos e líderes seniores já falavam sobre as novas capacidades que perceberam precisar desenvolver em ambientes cada vez mais imprevisíveis. A principal delas: conforto na incerteza e capacidade de aceitar o paradoxo, a dúvida e a ambiguidade sem correr para adotar uma solução ineficaz. Eles indicavam uma necessidade crescente de atender e se adaptar à complexidade com muito mais do que apenas as estratégias lineares e formulaicas do passado. Desde a pandemia, a instabilidade cresceu exponencialmente. Um dos meus clientes, um CEO, me disse há pouco tempo: "Percebo cada vez mais que simplesmente não consigo liderar, não consigo formular estratégias do jeito que eu fazia antes. Estou em território completamente novo".

Individual e coletivamente, estamos mais do que nunca envolvidos em um ambiente de volatilidade, incerteza, complexidade e ambiguidade (ou VUCA, sigla para *volatility*, *uncertainty*, *complexity* e *ambiguity*). Recentemente, uma nova sigla entrou no léxico corporativo: frágil, ansioso, não linear e incompreensível (ou BANI, sigla para *brittle*, *anxious*, *nonlinear* e *incomprehensible*). A escala crescente dos desafios sistêmicos diante de nós está muito além de qualquer coisa que já enfrentamos. Para esse momento, precisamos de novas estruturas de compreensão e capacidades mais elevadas de liderança. Os líderes de hoje devem ser capazes de acolher a complexidade, lidar com a ambiguidade e expressar empatia autêntica.

Devem aprender a acessar a sabedoria e a habilidade emocional necessárias para se manter no rumo em um mundo em rápida mudança. Devem ser pessoas que buscam oportunidades de genuíno desenvolvimento interior, para si ou para aqueles que lideram. Devem ser capazes e estar dispostos a criar culturas de engajamento real, nas quais as pessoas dão o melhor de si mesmas e vivenciam a profunda satisfação que vem com a busca de mais contribuir do que receber.

UM MODELO EMERGENTE: UM LÍDER QUE CURA

No contexto da liderança, *curar* não se refere ao corpo físico. Em vez disso, significa:

- a *restauração da unidade*, retornando a um todo coerente as nossas partes e as dos sistemas nos quais trabalhamos que estão fragmentadas e/ou exiladas;
- o *reequilíbrio* de nosso eu racional, eu emocional e eu físico;
- a *transformação* da energia estagnada, levando a uma maior vitalidade, conexão aprimorada e inteligência e sabedoria superiores;
- o *despertar* de níveis transpessoais de consciência;
- e uma *excisão* precisa daquilo que é tóxico, prejudicial à saúde e perigoso para o todo.

Líderes que curam são aqueles com uma mente racional altamente desenvolvida e que também investiram em seu desenvolvimento emocional e psicológico. São líderes que transmitem presença corporificada. Eles exploraram e reintegraram o suficiente as partes feridas de

O líder que cura compreende e corporifica a essência de uma presença coerente: estou aqui e estou disponível.

si mesmos e desenvolveram níveis mais elevados de consciência e capacidade inovadora, habilidades que vêm sendo descritas por todas as culturas há milhares de anos. Como resultado, esses líderes trazem à mesa seu eu cognitivo, seu eu emocional e seu eu físico corporificados; nenhuma parte do todo é excluída.

O líder que cura enxerga o mundo, seus problemas e potenciais soluções de modos muito diferentes do líder que executa. O líder que cura pode analisar e criar estratégias tão bem quanto aquele que executa, mas sabe o que significa conectar-se consigo mesmo e com os outros, integrar o ser e o fazer, proatividade e receptividade, racionalidade e intuição.

O líder que cura compreende e corporifica a essência de uma presença coerente: *estou aqui e estou disponível.* Ele reconhece o poder de promover conexões e sabe, por exemplo, que apenas um minuto de atenção de qualidade dada a um colega ou funcionário já é algo que não tem preço. Onde o líder que executa constrói culturas de ausência baseadas em desconexão, o líder que cura cria culturas de presença baseadas em interconexão.

Em especial, o líder que cura utiliza o poder de forma muito diferente. No lugar da espada, a escolha é um bisturi. Ele entende que o sentimento e a empatia são essenciais, mas nem sempre suficientes. A verdadeira liderança às vezes requer que se extirpe decisivamente tumores morais e espirituais dos corpos de organizações ou nações. E, como todos os bons cirurgiões, o líder que cura busca preservar ao máximo todo e qualquer tecido saudável.

Esse modelo emergente de liderança desbloqueia partes de nós mesmos há muito deixadas de lado e até ridicularizadas, de modo a expandir a largura de banda em que operamos. Ao trazer níveis mais altos de consciência para o nosso trabalho, descobrimos que podemos acessar informações muito mais matizadas, sinais muito mais sutis. Podemos desbloquear novas reservas de energia e inspiração, elevando nossos esforços – e os de nossas equipes – a níveis mais altos de eficiência, inovação e impacto.

Esse estilo de liderança nasce de uma jornada que exige um trabalho interior de transformação, descobrindo novas reservas de sabedoria e empatia. É um caminho que une a sofisticação da racionalidade e o brilhantismo da ciência aos profundos entendimentos da sabedoria atemporal e da avançada psicologia do corpo-mente, preparando-nos melhor para enfrentar o tempo em que vivemos.

Essa visão renovada e necessariamente radical oferece uma perspectiva nova sobre liderança. À medida que enfrentamos "o novo anormal", o modelo prévio deixa de ser suficiente. Simplificando, a liderança ao estilo execução já não basta. Como Albert Einstein aconselhou, não podemos resolver nossos problemas com o mesmo pensamento que usamos para criá-los.

Chegou a hora de uma caixa de ferramentas nova.

EXPANDINDO NOSSA LARGURA DE BANDA

No paradigma antigo, a maioria dos líderes colhe as informações, analisando-as e avaliando-as estrategicamente, para então implementar uma solução sem recorrer ao eu emocional, eu intuitivo e eu físico. De fato, muitas culturas, tanto sociais quanto organizacionais, vinculam de maneira errônea a emoção à fraqueza e à imprevisibilidade. A emoção é considerada totalmente improdutiva. Trabalhamos sob a ilusão de que existem decisões puramente racionais. No entanto, em mais de quarenta anos, não testemunhei um único exemplo de tomada de decisão puramente racional quando o que está em jogo é algo sério.

Isso porque, sem exceção, todos os líderes que conheci carregam dentro de si um conjunto de mágoas, cicatrizes e medos não tratados, com origem na infância e adolescência, incluindo padrões familiares intergeracionais e sistêmicos. Trata-se de uma parte inevitável e natural da nossa humanidade. Não surpreende que essas feridas permaneçam sem tratamento; é raro haver oportunidades de processar dores do passado com segurança e responsabilidade. Mas tais ferimentos não desaparecem sozinhos. Ao contrário, eles ocupam espaço no presente como blocos congelados de energia, controlando nossos impulsos, entorpecendo nosso coração e limitando nossa vitalidade, nossa visão e nossas capacidades relacionais. Como dito em uma frase atribuída ao grande psicanalista Carl Jung: "A menos que o inconsciente se torne consciente, ele direcionará sua vida e você o chamará de destino".

Estamos todos familiarizados com o sucesso de CEOs tóxicos, que permanecem incontestáveis e irrefreáveis devido às normas organizacionais antiquadas e estruturas de poder disfuncionais que lhes permitem existir. Muitos dos líderes mundiais de maior destaque têm origens familiares nas quais vergonha, hostilidade e até violência eram a norma. Para muitos deles, adversidades não curadas da infância levarão a emoções desreguladas, dificuldades interpessoais, tendências narcisistas[1] e até mesmo estruturas de personalidade sociopatas,[2] tudo isso implicando consequências graves para pessoas e organizações.

As culturas nas quais os líderes tóxicos detêm mais poder são aquelas que sustentam a crença ultrapassada de que características como empatia, vulnerabilidade e conexão equivalem à fraqueza. (Afinal, essas características têm sido historicamente associadas às mulheres.) Os que executam endossam esses preconceitos, enquanto os que curam os desmantelam. O líder que cura entende que, a menos que reconheçamos nossas dores, não há como sentir alegria; a menos que abracemos nosso medo, não há como conhecer a verdadeira força; a menos que aprendamos a aceitar incondicionalmente as emoções, limitamos nosso acesso a níveis mais elevados de inteligência e percepção. E entende que, até nos lembrarmos do que é viver em um estado corporificado, reduz-se enormemente a experiência da rica multidimensionalidade da vida.

Na minha experiência com centenas de clientes, atendendo tanto individualmente quanto em grupos, percebi que, quando os líderes se sentem seguros o bastante para sentir e articular diretamente as emoções – de modos saudáveis e apropriados –, os resultados são inteiramente positivos. Por exemplo, quando paramos de lutar contra ansiedades e medos, ou de evitá-los, descobrimos que, uma vez acolhidos, esses sentimentos nos ancoram no corpo com mais profundidade, liberam nossa energia e nos permitem relações e conexões melhores com os outros. Quando um grupo de líderes seniores se sente seguro o suficiente para falar de modo aberto uns com os outros sobre as chamadas emoções "difíceis", é quase certo que haverá avanços de conexão e compreensão. Quando criamos espaço para dar atenção aos nossos medos, tristezas e frustrações, suavizam-se nossas estratégias defensivas. Nós nos tornamos mais receptivos, mais compassivos, mais acolhedores para nós mesmos e o mundo. E então, invariavelmente, abre-se um portal para novas ideias e soluções.

Um colega conversou comigo sobre um programa com quinze diretores-executivos que ele coordenou recentemente. Após um exercício de escrita que permite a expressão profunda, cada pessoa foi convidada a recitar seu texto para o grupo. Ele sabia que pelo menos três pessoas na sala tinham perdido amigos ou colegas para a covid-19. Uma mulher estava emocionada demais para falar. Meu colega se ajoelhou na frente dela, virado para o grupo. Então lhe pediu permissão para ler suas palavras e a convidou a colocar a mão em seu ombro. Enquanto ele falava, ficou evidente que os corações na sala se comoviam. Depois que ele terminou de ler, houve um silêncio natural e carregado de energia, após o qual uma onda de novas ideias e *insights* inundou o grupo.

É assim que a energia funciona. Quando relaxamos toda a tensão física que usamos para suprimir as emoções, nosso corpo se acomoda profundamente, pois liberamos a energia antes bloqueada. Agora que pode fluir, ela naturalmente se metaboliza em um recurso para a inteligência dinâmica individual e de grupo. No entanto, quando essas energias emocionais permanecem bloqueadas, operamos em uma largura de banda mais estreita, sendo menos capazes de sentir ou perceber com clareza e, portanto, menos capazes de estar presentes por completo para nós mesmos e para os outros.

Infelizmente – e perigosamente – este último modo de operação é a norma nas culturas ocidentais, onde a educação convencional se concentra quase exclusivamente na mente racional e nas realizações práticas a que ela pode chegar. Nesse paradigma, priorizamos o acúmulo de conhecimento em detrimento da criatividade, da brincadeira ou da conexão. Relegamos a natureza ao papel de um problema exterior, a ser controlado e conquistado. Nossos relacionamentos se tornam predominantemente transacionais; falamos, mas quase nunca *sentimos* um ao outro. Aprendemos a ouvir sem de fato escutar. Ficamos consumidos pela mentalidade tarefeira: ação constante, fazer incessante. Nossa participação na vida fica comprometida, e somos impedidos de desfrutar de uma experiência mais direta do mundo. Tudo isso leva ao que chamo de *cultura da ausência*, um estado de afastamento e entorpecimento coletivo.

De fato, é uma ironia cruel que, vivendo em um tempo de conectividade digital acelerada, jamais tenhamos sido tão isolados. Vemos ao nosso redor uma epidemia de ansiedade, depressão e solidão, em particular na geração mais jovem, e uma sociedade cada vez mais fraturada se desfazendo por conta de conflitos sociais, polarização política, consumo insaciável e destruição planetária potencialmente terminal. Para evitar a dolorosa verdade, nos afundamos nos excessos do materialismo e da assim chamada produtividade. Ficamos alheios ao verdadeiro propósito, inspiração e relacionamento por meio dos quais poderíamos vivenciar o poder de encontros humanos sinceros e uma fruição mais visceral das paisagens e dos ambientes que habitamos.

É hora de despertar desse estado de exílio e desconexão. Agindo assim, instala-se e cresce uma quietude interior, permitindo que enxerguemos a nós mesmos e a nossas vidas de um modo gradualmente mais nuançado e multifacetado. Conforme isso acontece, nossos impulsos habituais e distrações prévias passam a ter menos influência. A conexão e a presença corporificadas se tornam os princípios orientadores dominantes na vida e no trabalho.

Um líder que sabe como guiar os outros em direção a um território tão fértil invariavelmente vê suas reuniões se tornarem mais aprimoradas, energizadas e, com frequência, inspiradas, e se desdobrar uma ordem de inteligência coletiva muito mais elevada. Uma inteligência mais necessária do que nunca.

A humanidade está em um momento crítico. Precisamos mudar, ou enfrentaremos consequências terríveis, até mesmo existenciais. Pode bem ser que organizações presas à liderança do antigo paradigma enfrentem a extinção. Um executivo da IMD, uma escola de negócios na Suíça, recentemente se aproximou de mim durante um intervalo de um evento e disse: "Trabalho para uma empresa suíça tradicional, de oitenta anos, que sempre ocupou a posição mais alta em nossa área. Temos um novo concorrente e prevemos que em cinco anos ele assumirá nossa posição. Nosso conselho, bem à moda antiga, não consegue entender como isso está acontecendo. Agora eu enxergo com clareza: a concorrência está fazendo o que estamos aprendendo neste evento. É por isso que eles têm tanta energia, conexão e inovação".

Continuaremos a apoiar líderes que são distantes, emocionalmente indisponíveis, incapazes de se relacionar ou de escutar de verdade e que permanecem restritos a uma estreita faixa de pensamento linear? Ou buscaremos e desenvolveremos líderes engajados por completo, afinados e receptivos? Líderes autoconscientes, emocionalmente calorosos e dedicados a uma vida de contribuição significativa. Líderes dispostos a manter aberta uma janela para novas ideias.

Em seu livro *The Master and his Emissary* [O mestre e seu emissário], Iain McGilchrist, psiquiatra e pesquisador da Universidade de Oxford, chega a dizer que, em sua opinião, o desequilíbrio atual entre o pensamento dos lados direito e esquerdo do cérebro – especificamente, o domínio do primeiro – representa a maior ameaça à sobrevivência de nossa civilização.[3] Nosso modelo operacional – consumo infatigável e crescimento econômico sem fim – está nos levando à beira do precipício. Diante da crescente complexidade, imprevisibilidade e mudança, é mais importante e mais urgente do que nunca que organizações, sociedades e indivíduos acessem potenciais evolutivos mais elevados.

UM NOVO CAMINHO

Este livro é um chamado para um novo tipo de liderança, uma que seja baseada na integração de todas as partes de quem somos, e para equipes de alto desempenho e avançadas culturas organizacionais, que serão uma consequência natural. Acredito que nossa disposição de nos envolver e fazer valer essa integração é fundamental para determinar quão bem podemos passar pelos desafios que enfrentamos e também para o tipo de futuro que criaremos.

Os princípios e práticas oferecidos nestas páginas são aplicáveis a todos os tipos e níveis de liderança: eles são expostos por meio de

É uma ironia cruel que, vivendo em um tempo de conectividade digital acelerada, jamais tenhamos sido tão isolados.

teoria, exemplos e exercícios práticos projetados para ajudar os líderes a aprimorar todas as suas habilidades, algo que, então, os capacitará a construir culturas de conexão corporificadas e energizadas, baseadas na presença e na receptividade a níveis mais elevados de percepção e inovação. Essa abordagem foi testada e aprovada por centenas de líderes, com resultados claros e transformacionais.

As páginas a seguir o conduzirão pelos princípios e pela prática de se tornar um líder que cura. Tais páginas devem ser lidas e relidas tanto quanto for necessário. Faça anotações, reserve um tempo para assimilar as ideias e deixe que elas inspirem em você novas maneiras de liderar e, portanto, de servir ao mundo.

O livro começa por um princípio fundamental e, em seguida, aborda o trabalho interior necessário em seis aspectos interdependentes:

- fundação – fazer e ser;
- acolher as emoções;
- o poder da corporificação;
- viver uma vida de propósito;
- a prática da atenção plena e a meditação;
- o chamado.

Ao longo do livro, você também:

- aprenderá muitos exercícios e ferramentas simples e práticas para se tornar um líder que cura;
- descobrirá como essa abordagem eminentemente prática e genuinamente transformadora foi adotada por outros líderes.

Alguns anos atrás, tive o privilégio de conversar com um famoso rabino em Israel. Sabendo do meu trabalho com líderes, ele concluiu nossa reunião declarando ter uma mensagem essencial que desejava transmitir. Ele disse que uma das vocações mais profundas da fé abraâmica é "ser uma bênção", e que desejava que todos os líderes se lembrassem disso.

Este livro pode muito bem desafiar a maneira como você foi criado, como trabalha e a realidade em que vive, mas não há nada mais inspirador – e nada mais urgentemente necessário – do que líderes que incluam o melhor do pensamento racional enquanto operam a partir de um nível mais profundo de sabedoria, conectividade e inteligência.

Estes são os que andam pelo mundo como uma bênção.

Nosso futuro está em jogo.

A hora é agora.

CAPÍTULO 1

Fundação: ser e fazer

Existem dois modos fundamentais a partir dos quais todos nós operamos: o *ser* e o *fazer*. O ser surge do nosso eu receptivo, emocional e sensorial, enquanto o fazer descreve a ação direcionada da mente racional, analítica e estratégica. Esses dois modos distintos têm as próprias capacidades e competências únicas e são profundamente complementares. Em um mundo ideal, utilizaríamos ser e fazer em conjunto, e cada modo teria influência igual em nossos processos perceptivos e comportamentais.

O ser e o fazer relacionam-se às duas metades do cérebro humano. A noção de que os dois hemisférios cerebrais executam funções totalmente diferentes e não relacionadas – o esquerdo para lógica e o direito para criatividade – é agora reconhecida como uma simplificação excessiva. Pesquisadores demonstraram que, embora cada um tenha características únicas, os hemisférios trabalham juntos para concluir tarefas de forma eficiente e eficaz. O hemisfério esquerdo enseja um foco cristalino e uma análise racional, enquanto o direito permite uma conexão sensorial mais ampla e reflexiva e um pensamento intuitivo.

Em quase todos os líderes e organizações com os quais trabalhei, o fazer domina o ser. Apesar das nossas melhores tentativas, é frequente ficarmos presos em ciclos de ação e execução, ignorando ou diminuindo a importância do ser. Quando foi a última vez que você se sentou em silêncio por cinco minutos antes de uma reunião via Zoom para se sentir mais corporificado, composto e disponível? Quando foi a última vez que você coordenou uma reunião e fez uma pausa para perguntar como as pessoas estavam se sentindo? Se você *fez* isso, quantos colegas simplesmente despejaram todas as demandas em que estavam trabalhando?

Suas respostas a essas perguntas provavelmente revelam um desequilíbrio comum: priorizamos demais o fazer em vez do ser. Coletivamente, estamos tão focados em resolver problemas – riscando itens das nossas listas de afazeres e já correndo para o próximo – que nossa mente estratégica assumiu o controle. Hiperfocar o fazer nos separou de nosso eu emocional e eu sensorial, limitando-nos, portanto, a pelo menos metade da inteligência e dos recursos interiores que acionamos para o trabalho. Efetivamente, o lado esquerdo do cérebro subjugou o direito.

Trata-se de algo que restringe nosso acesso a um campo mais amplo de informações e que, nesses tempos de crescente complexidade e turbulência, inibe nossa capacidade de sentir com clareza e responder com eficácia a nós mesmos, uns aos outros e ao trabalho em nossas organizações. Utilizar apenas uma parte do nosso poder de processamento equivale a andar pelo mundo com uma mão amarrada nas costas, o que chamo de "largura de banda estreita". Pensamos, pensamos, pensamos e muito raramente percebemos, sentimos ou intuímos.

É como Otto Scharmer e Katrin Kaufer, pesquisadores do MIT, escrevem em *Liderar a partir do futuro que emerge*: "Aprender a tolerar a 'mente que não sabe' ou apenas ficar parado, mantendo na consciência o todo, sem a obrigação de saber o que quer que seja. Este é o verdadeiro trabalho interior de redirecionamento – e quase o oposto do condicionamento da maioria dos administradores. A deficiência crônica de muitas tentativas planejadas de mudança é a adesão cega ao 'plano', o que reproduz a mesma mentalidade inconsciente. Operar a partir de uma intenção maior coloca em jogo forças que jamais poderíamos explorar se apenas tentássemos impor nossa vontade a uma situação".[1]

No entanto, ainda que, como dizem os autores, isso seja o oposto do nosso condicionamento, todos nós temos momentos em que vivenciamos a nós mesmos e ao mundo de uma forma mais aberta. Lembre-se de como, depois de uma ótima massagem, seus ombros parecem baixar cinco centímetros. Você se sente instantaneamente mais solto, mais relaxado. Só então percebe que estava andando com os ombros erguidos, perto das orelhas, duros e tensos. No entanto, esse estado parecia muito normal, especialmente quando todos os outros também estão perambulando assim por aí.

Ou pense em uma ocasião em que você tenha participado de uma ótima aula de yoga ou de alongamento. Talvez você tenha saído dela e, pelo menos por um curto período, a realidade tenha parecido diferente – mais vívida e elétrica. Você se sentiu mais vivo, mais conectado a si mesmo e a tudo ao seu redor. Pode até ter se perguntado por que esse sentimento é a exceção, por que a realidade "normal" da qual você participa é, na verdade, uma versão tão diminuída da vida.

Em termos de desenvolvimento, esses são os cruciais momentos de alteração *sujeito-objeto*.[2] Ombros tensos, percepção embotada e o predomínio do fazer sobre o ser são tão imiscuídos ao pano de fundo da vida que temos pouca perspectiva sobre eles. Todos esses estados são apenas uma parte da vida, uma parte de nós (o sujeito). No entanto, chegamos a, em certos momentos, reconhecer esses estados como *objetos* na consciência, o que significa que podemos observá-los. Podemos testemunhar sua distinção e refletir sobre suas implicações. Em termos de desenvolvimento, a transcendência sujeito-objeto é um passo crucial e transformador. Vejo sua importância repetidas vezes em meu trabalho individual com clientes e também com grupos: uma vez que uma nova experiência de conexão consigo mesmo e com o outro ocorre, nossa perspectiva muda irrevogavelmente. Um novo horizonte se abre e, embora a prática sustentada costume ser necessária para desmantelar velhos hábitos de "ausência", um caminho totalmente novo é disponibilizado.

Este livro trata de escolher trilhar esse caminho.

REALOCAÇÃO DO EU

À medida que aprendemos a praticar a atenção plena, combinando habilmente sentimento e percepção com lógica e razão, começamos a retirar nossa identidade da periferia de nós mesmos e a operar desde um manancial mais profundo, em um eixo central mais profundo. Mudamos e ampliamos o lócus de nossa consciência para torná-la mais inclusiva, mais completa. Migramos de uma identidade de "eu, pensador" para "eu, presença que pensa, sente e percebe".

Isso muda tudo.

Podemos pensar em ser e fazer como duas formas de movimento, ou círculos: quando o pensamento racional governa, tendemos a percorrer uma trajetória para a frente. À medida que ganhamos impulso nessa direção, movemo-nos para cima e para fora de nós mesmos – para longe do contato com nossos corpos, literalmente – em direção a um local mais periférico e descorporificado, quase todo no nível da cabeça ou próximo a ela. Trata-se de um "círculo para a frente".

Por um equívoco, entendemos isso como a maneira normal de nos relacionarmos com o mundo, quando, na verdade, ela é o fundamento de uma largura de banda estreita. Mas, à medida que começamos a trazer o ser à tona, sentimos que estamos nos movendo para trás e "para baixo", como se estivéssemos despencando de volta ao corpo, e tudo muda. Sentimo-nos mais corporificados, mais enraizados no eu. Trata-se de um "círculo reverso", sendo a base de uma largura de banda muito mais ampla. Com essa realocação sutil, mas crucial, pensamos com mais clareza, ao mesmo tempo que conseguimos acessar mais e mais de nossos recursos inatos, indo ao mundo muito mais alertas e despertos. (Continuaremos a explorar o poder desse processo nos próximos capítulos.)

Quando estamos no modo dar-conta-do-trabalho, absorvemos o que é dito pelos outros de forma rápida e automática, analisamos suas palavras e a elas reagimos, tudo sem muito sentimento ou percepção consciente.

Temos pouco espaço interior ou receptividade real. Mas a verdadeira escuta tem tudo a ver com *acolher* o outro, o que requer estar aberto e disponível para *escutar* o que ele diz, *perceber* a perspectiva dele, *sentir* sua paisagem emocional interior e *permitir* que suas palavras e sentimentos cheguem a nós. Quando ouvimos dessa forma, nossas ações – nosso fazer – nascem de um lugar muito mais responsivo e bem-informado.

O aspecto mais poderoso desse tipo de escuta é que ela não toma mais tempo do que a escuta mecânica. Pelo contrário: na verdade, a escuta mais profunda economiza tempo, já que nossas respostas são mais precisas e afinadas. Além disso, enriquece nossas conexões e permite que pensemos juntos, colaborando em nossas ações com maior clareza, discernimento e inovação.

PRÁTICA – DO CÍRCULO PARA A FRENTE AO CÍRCULO REVERSO

Muitos dos meus clientes acham a corporificação dessa metáfora um recurso vívido e extremamente eficaz.

Comece criando literalmente um círculo para a frente – sinta-se movendo-se para cima e para longe da parte inferior do seu corpo, depois para a frente e para fora, em direção ao mundo. Observe como sua respiração se torna mais superficial e você começa a perder a sensação de estar sentado, de suas pernas e pés. A largura de banda da sua percepção se torna mais estreita.

Nesse momento, faça uma pausa e respire fundo algumas vezes.

Use a expiração para começar a se mover para dentro e para baixo. A cada expiração, sinta a liberação da tensão e acomode-se na cadeira. Sinta mais suas pernas, seus pés e o contato com o chão. Permita que sua visão se suavize.

Agora você está vivenciando a vida do "círculo reverso", uma base para o ser. Observe como é possível começar a se sentir mais disponível para o mundo ao seu redor, mais pronto para ouvir. Conforme a prática avança, pode ser que você também perceba sua mente se tornando mais clara e receptiva.

Quanto mais você praticar – principalmente antes de e durante qualquer reunião da qual você participe, seja como participante, seja como líder –, mais sentirá esse efeito transformador.

A mensagem é simples: quando você perceber que está no "círculo para a frente", saia dele.

A prática de realocação para abarcar o princípio do ser traz um profundo senso de acomodação interior, uma sensação de voltar para casa. À medida que isso gradualmente se torna "o novo normal", parece óbvio para nós que é assim que deveríamos ser e que a subjugação do ser pelo fazer é não apenas custosa em termos de nossa eficiência pessoal, mas uma aberração perigosa em nossa tomada de decisão coletiva.

Vamos explorar as modalidades em mais detalhes.

PRESENÇA DE PERFORMANCE DE PICO

LÍDER QUE CURA

FAZER	**SER**
Lado esquerdo do cérebro	Lado direito do cérebro
Proativo	Receptivo, reflexivo
Racional	Intuitivo
Analítico	Empático, sensorial
Forma	Espaço
YIN	YANG

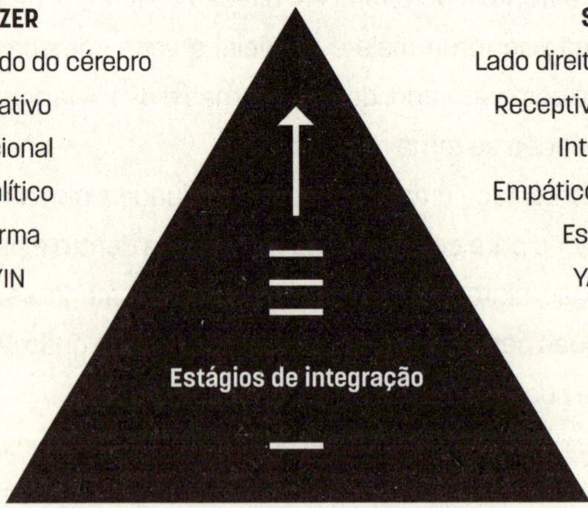

1. **LADO ESQUERDO/DIREITO DO CÉREBRO.** Os hemisférios cerebrais esquerdo e direito nos fazem perceber a realidade de maneiras diferentes: o esquerdo concentra-se em detalhes, enquanto o direito concentra-se no todo. O esquerdo enseja análises racionais, focando, com sofisticação ilimitada, partes distintas de um sistema. O hemisfério direito enseja um relacionamento direto com o corpo físico e com a realidade externa representada pelos sentidos, possibilitando assim um relacionamento *sensível* com o mundo ao nosso redor.

2. **PROATIVO/RECEPTIVO, REFLEXIVO.** Ser proativo de um modo eficaz e eficiente é uma capacidade operacional basilar, enquanto a capacidade de fazer uma pausa, absorver e refletir sem buscar soluções rápidas é a fonte de um equilíbrio essencial. Às vezes, precisamos dar uma caminhada metafórica (ou literal) na natureza, ou uma caminhada às margens de um lago. Se a proatividade é nosso impulso primordial, é fácil não se dar conta de *insights* e soluções mais sutis, que surgem a partir de uma forma mais profunda de escuta e reflexão.

3. **RACIONAL/INTUITIVO.** A racionalidade é uma capacidade incrível, mas, se opera às custas da intuição, ficamos cegos para um campo informacional mais completo, cuja riqueza e extensão a mente racional sequer imagina. Em seu livro *The Metaphoric Mind: A Celebration of Consciousness* [A mente metafórica: uma celebração da consciência], Bob Samples nos diz: "Albert Einstein chamou a mente intuitiva ou metafórica de 'presente sagrado'. E acrescentou que a mente racional era uma serva fiel. É paradoxal que, no contexto da vida moderna, tenhamos começado a adorar o servo e profanar o divino".[3]

4. **ANALÍTICO/EMPÁTICO, SENSORIAL.** A habilidade de analisar um sistema por meio de suas partes é uma ferramenta inestimável, mas igualmente preciosa é a habilidade de sentir e perceber a nós mesmos e ao nosso entorno. Analisar sem sentir e perceber outras pessoas e situações significa que estamos usando menos da metade de nossa capacidade de processamento.

5. **FORMA/ESPAÇO.** A tradição mística judaica ensina que, quando abrimos um livro, há letras pretas *e também* uma página branca. Na modalidade do "fazer", concentramo-nos apenas nas letras pretas. Com uma integração de nível superior, aprendemos a perceber tanto as letras quanto a página, um enorme incremento em nosso sistema operacional – o tabuleiro do jogo cresce muito. A página branca é o terreno da criatividade, o campo interior no qual as ideias "chegam até nós". Quando perdemos o acesso à página branca, ficamos condenados a uma perspectiva parcial e incompleta. (Exploro esses conceitos em mais detalhes no Capítulo 5.)

6. **YIN/YANG.** No Oriente, as modalidades de ser e fazer são há muito reconhecidas como yin e yang, metades complementares que compõem princípios centrais no coração da vida. O antigo e bem conhecido símbolo do Tai chi representa a integração de ambas as modalidades, demonstrando a polaridade, bem como a harmonia e o equilíbrio: o funcionamento saudável do corpo, do coração, da mente e do espírito.

LIDERANÇA COMO UM TRABALHO DE CURA

O líder que cura conserta a desconexão entre o ser e o fazer, dissolvendo a fragmentação e a luta polarizada ao reunir ou integrar as duas modalidades. Isso ocorre primeiro dentro de nós mesmos e, depois, nas pessoas que lideramos. Por meio desse processo, chegamos a uma unidade e coerência mais profundas, tanto interna quanto externamente. Ao colocar mente, corpo e coração em tudo o que fazemos, acessamos respostas muito mais avançadas para problemas, desafios e oportunidades e nos tornamos capazes de acessar e operar a partir de um campo muito maior de possibilidades.

Certa vez, um participante de um treinamento de liderança me perguntou: "Então, quanto tempo tenho que gastar sendo e quanto tempo tenho que gastar fazendo?". Rimos juntos porque ficou imediatamente claro de onde vinha a pergunta.

Unindo as modalidades, alcançamos o desempenho ideal. Todo fazer surge do recurso interior do ser. A integração se parece com o diagrama a seguir: uma "tigela" de ser, da qual surge todo fazer – lento ou rápido, simples ou complexo. Desaparece a sufocante dicotomia cognição *versus* emoção, ou racionalidade *versus* intuição, e as modalidades complementares passam a operar em conjunto e no mais alto nível.

O "ser" fornece uma base equilibrada, a partir da qual podemos responder em vez de simplesmente reagir. O líder que cura utiliza por completo o lado esquerdo de seu cérebro, ou a modalidade do fazer, enquanto maximiza as funções de sentir e perceber. Ao se realocar no ser, o líder que cura torna-se capaz de envolver ricas capacidades emocionais, intuitivas e sensoriais, amplificando assim seu poder de processamento. Nosso fazer pode ser rápido, lento, sutil, direto, gentil, feroz – *o que for necessário*, a partir da nossa sintonia com a pessoa, o ambiente ou o desafio que enfrentamos.

O líder que cura cultiva a unidade entre ação e reflexão, proatividade e receptividade, e competências analíticas e intuitivas. Ele responde (em vez de reagir) a si mesmo e aos outros a partir de uma base integrada: *estou aqui e estou disponível*. É essa coerência interna que cria uma presença de liderança vital e profunda, transmitindo-a ao ambiente.

PERGUNTAS PARA REFLEXÃO

» Como as modalidades do fazer e do ser operam na sua vida e na sua liderança?

» Quando e como você vivencia a integração dessas modalidades – a tigela do ser, da qual todo fazer emerge?

» Quais são os portais que permitem alcançar um senso interior do ser (por exemplo, atividades, lugares, pessoas, formas de arte)? Será que você não está precisando priorizá-los mais?

PERSPECTIVAS ACADÊMICAS E NEUROCIENTÍFICAS

Como vemos no conceito de yin e yang, a noção de que todos nós expressamos duas polaridades complementares tem sido parte de muitas tradições antigas. No mundo moderno, pesquisadores das neurociências e de outros campos começaram a olhar atentamente para os efeitos da meditação e da atenção plena no cérebro. Descobriu-se, por exemplo, que essas práticas promovem foco e atenção e resultam em muitos outros benefícios, como redução da ansiedade e depressão.[4]

De fato, é mensurável a alteração que a meditação e a atenção plena promovem na frequência das ondas cerebrais, fazendo os praticantes passarem das ondas beta – presentes na consciência desperta comum, relacionada à conclusão de tarefas rotineiras – para estados mais profundos, das ondas alfa, teta e delta. Esta última não apenas melhora o relaxamento focado e os chamados estados de *flow*,* mas também o aprendizado, a memória e a intuição, bem como a regeneração e a recuperação.[5]

O Dr. Iain McGilchrist explorou amplamente os hemisférios esquerdo e direito do cérebro. Embora ambos sejam necessários para qualquer atividade, ele afirma que cada um colabora de forma única. Ele descreve o hemisfério esquerdo como a sede de uma atenção focada e estreita, enquanto o direito permite um foco mais amplo e sustentado, dando apoio à vigilância e ao estado de alerta.[6] Em sua obra mais conhecida, *The Master and His Emissary: The Divided Brain and the Making of the Western World* [O mestre e seu emissário: a divisão do cérebro e a origem do mundo ocidental], McGilchrist oferece

* Conceito proposto na década de 1970 pelo psicólogo Mihály Csíkszentmihályi, "estado de *flow*" refere-se a um estado psicológico de total absorção em uma atividade, comumente associado à percepção de dissolução do tempo e espaço. (N.T.)

observações fascinantes. "A relação entre os dois hemisférios não parece ser simétrica", ele escreve, "na medida em que, em última análise, o hemisfério esquerdo é dependente – pode-se quase dizer parasitário – do direito, embora não pareça ter ciência desse fato."[7]

Sintetizando muitos anos de pesquisa, McGilchrist conclui que, como o hemisfério direito tem uma relação direta com o corpo físico e o mundo externo ao nosso redor, ele é um mediador de tudo o que fazemos. O lado direito do cérebro sente o mundo mais amplo e passa informações para o outro hemisfério as analisar. O lado esquerdo então oferece sua análise para que, a partir de uma percepção mais ampla e holística, possamos determinar a melhor forma de responder.

McGilchrist compara o predomínio do lado esquerdo do cérebro a um velho conto de um rei sábio que, como exigido por sua tradição, fazia uma caminhada anual por todo o reino. Mas, conforme o reino crescia, o rei já não conseguia mais fazer a caminhada sozinho; ele então convocou e treinou um emissário para auxiliá-lo, fazendo observações, análises e relatos. No entanto, o emissário acabou se tornando confiante demais e decidiu partir sozinho, usurpando seu governante. Da mesma forma, o lado esquerdo do cérebro subjugou o direito para reinar sobre nós e sobre tudo o que fazemos, mas com uma perspectiva muito limitada. A desconexão resultante, na qual o lado esquerdo não consegue compartilhar suas análises com o direito, é um pilar central da cultura de ausência em que nos encontramos. McGilchrist continua: "De fato, [o lado esquerdo] está cheio de uma autoconfiança alarmante. Minha esperança é que a consciência da situação possa nos permitir mudar de curso antes que seja tarde demais".

Esse desequilíbrio fundamental entre o fazer e o ser gera uma realidade perigosamente mecanicista e fragmentada, de desconexão e vacuidade, diante da qual é normal precisarmos de enormes quantidades de poder, dinheiro e posses para encobrir a dor da falta de pertencimento, o desconforto da desconexão.

O líder que cura cultiva ativamente a integração entre o ser e o fazer, reunindo cérebro, mente, corpo e coração em um todo único e coerente. Esse tipo de líder corporifica um sistema operacional interno profundamente enraizado no ser, de modo que seu fazer emerge como uma responsividade altamente sintonizada com as necessidades do ambiente, adequada ao propósito de se guiar entre as complexidades e os desafios cada vez maiores de nosso tempo.

RELATO DE UM CLIENTE CEO

Sempre me considerei muito bom em ler as pessoas em uma sala, em descobrir o que elas estão sentindo naquele momento. Agora, reconheço como minha abordagem era um processo estritamente mental ou cognitivo e, portanto, incompleto. Desde essa revelação, aprendi a sentir mais profundamente o que as pessoas precisam, em vez de fazer uma análise consciente.

Às vezes, os sinais que recebo sobre o que está acontecendo ou sobre o que é necessário em uma situação não fazem sentido para mim, mas, à medida que os escuto, descubro – talvez um ou dois dias depois – que minha abordagem era exatamente a necessária, mesmo que eu não tivesse clareza sobre os motivos naquele momento. Como resultado, tenho mais facilidade em me conectar com as pessoas, em sentir o que elas precisam e intuir a melhor forma de seguir em frente para criarmos, enquanto organização, uma jornada coliderada.

Quando você está processando as coisas do pescoço para cima, trabalha para "descobrir tudo", como se tudo fosse uma peça de quebra-cabeça ou uma jogada de xadrez. Você precisa fazer as coisas funcionarem, então fica de olho em todas as variáveis, mas na verdade acaba perdendo muita coisa. Existe em seu corpo e em seu espírito uma inteligência profunda que você pode aprender a acessar.

> Parte fundamental da minha função hoje é simplesmente estar aberto a todos os sinais e mensagens – incluindo os mais sutis – que podem me ajudar a me conectar com as necessidades de todos os membros da minha equipe e com a sociedade mais ampla que estamos trabalhando para servir.

A PRÁTICA

Criar uma integração estável entre o ser e o fazer requer prática. É um caminho que exige maestria, e ao longo dele você descobrirá que, assim como inúmeros outros praticantes, começará a enfrentar seus dias com muito mais eficiência e precisão e, em muitos deles, alcançará muito mais, em muito menos tempo e com maior facilidade.

A FERRAMENTA MAIS SIMPLES E PODEROSA QUE TEMOS É NOSSA ATENÇÃO.

Aprender a usar nossa atenção de forma consciente e deliberada é a porta de entrada pela qual podemos nos realocar no ser. O próprio ato de prestar atenção nos atrai, naturalmente e sem esforço, de volta a um centro profundo em nós mesmos, despertando o lado direito do cérebro e iniciando o restauro do equilíbrio.

A boa notícia é que a atenção é como um músculo: quanto mais você a usa, mais forte ela fica. Uma notícia ainda melhor é que muitas culturas passaram milhares de anos desenvolvendo práticas, como a meditação e a atenção plena, que comprovadamente ajudam a aumentar e fortalecer as capacidades de consciência e atenção. Hoje, essas técnicas são usadas com eficácia em prisões e escolas para alunos com problemas comportamentais, incluindo questões de violência.

Muitas organizações ao redor do mundo agora estão adotando essas práticas para seus membros. (Eu exploro esse assunto mais a fundo no Capítulo 5.)

O exercício simples descrito nas próximas páginas leva apenas alguns minutos e o ajudará a começar a prestar atenção ao seu corpo e ao ambiente ao seu redor. A sugestão no final da prática é uma porta de entrada essencial para acessar e estabilizar a presença do seu líder que cura interior. Por mais simples que pareça, o desafio é fazer da prática um novo hábito. Pode ser útil estabelecer lembretes simples: bilhetes no escritório; alarmes no celular ou computador; talvez um objeto guardado no bolso.

PRÁTICA DE ATENÇÃO PLENA SOMÁTICA

Sente-se confortavelmente em sua cadeira, fechando os olhos ou mantendo-os abertos com um foco suave.

Belisque a parte superior da mão. Faça isso de modo leve ou firme, mas certifique-se de manter a pressão para que você possa senti-la com clareza.

Perceba a sensação. Onde está? Apenas no ponto que você está beliscando ou espalhada? É quente ou fria? Ela muda conforme você inspira ou expira?

Agora, pare de beliscar. Observe como a sensação muda. Há um alívio instantâneo? Um formigamento? Uma sensação de dormência?

Você acabou de ativar a função da atenção.

Agora, mova sua atenção para a respiração. Qual é a sensação de inspirar e expirar? Que parte do seu corpo se move? Onde você sente sua respiração? Quais são as diferenças entre inspiração e expiração? Talvez, aos poucos, você perceba sensações mais sutis.

Mova sua consciência para a parte de baixo do corpo, até onde ele faz contato com a cadeira. Simplesmente observe todas as sensações de estar sentado.

Agora, mova sua consciência gradualmente mais para baixo, concentrando sua atenção com gentileza nas sensações de seus pés e dedos, incluindo o ponto de contato entre as solas de seus pés e o chão.

Agora, retorne sua consciência para a respiração.

Inclua gentilmente o som em sua consciência. Não se esforce para ouvir os ruídos – apenas deixe que eles venham até você. O que você consegue ouvir? Observe quaisquer sons conforme eles apareçam em sua consciência. Veja se consegue detectar sons ainda mais sutis, que você não tenha notado inicialmente.

Conforme se concentra no som, você consegue manter de novo a consciência de sua respiração? Você é capaz de manter sua atenção em seu corpo enquanto observa seus sentidos e como eles se sintonizam com o mundo exterior?

Atenção interior e exterior, simultaneamente.

Depois de alguns minutos, comece a pensar em sair da prática e em como será manter a atenção interior com os olhos abertos.

Quando estiver pronto, abra os olhos. Conforme o dia passar, tente manter essa qualidade de abertura e percepção. Tente ficar em sintonia com sua respiração, mesmo quando começar a se mover e prosseguir com as tarefas do dia.

É assim que se mantém uma pequena parte da atenção com você. Você pode voltar a ela a qualquer momento. Se sentir que está se afastando da atenção, simplesmente volte para sua respiração.

CAPÍTULO 2

Acolhendo suas emoções

Quando você pensa em empresas com líderes profundamente conectados às próprias emoções, provavelmente não é a indústria automobilística que lhe vem à mente. O design, a produção e o marketing de automóveis são atividades bastante complexas e técnicas; de fato, muitos dos líderes da indústria migram de cargos de engenharia para a administração. No entanto, mesmo em solo aparentemente pouco promissor, a consciência emocional e a conexão necessárias para liderar com presença podem florescer.

Eu testemunhei isso em primeira mão quando trabalhei com a equipe de liderança sênior de uma grande montadora dos EUA. A empresa estava com dificuldades para se adaptar a um cenário competitivo e em rápida mudança. Abaixo da camada superficial de discussão e debate racional, estava claro que havia muita ansiedade quanto ao futuro, até mesmo medo. Depois de conduzir o grupo todo em alguns exercícios cognitivos, dividi os participantes em grupos menores e mudei o foco para as emoções – mais especificamente, propus uma discussão sobre o medo, incluindo os tipos e intensidades de medo que estavam vivenciando.

No início (e isso não é de surpreender), os grupos de discussão tiveram dificuldade para se engajar. Por fim, começaram a participar e a atmosfera na sala mudou palpavelmente, como sempre acontece no momento em que as pessoas se tornam menos resistentes e mais abertas e presentes. No *debriefing* que se seguiu, os participantes falaram sobre o alívio e a conexão que sentiram ao falar tão autenticamente uns com os outros sobre assuntos difíceis. Uma pessoa então mencionou como, no final do processo, todos pareciam ter uma enxurrada de novas ideias e *insights* sobre alguns dos desafios mais urgentes que a organização enfrentava à época. Por toda a sala, cabeças aquiesceram. Conforme explorávamos juntos esse resultado, todos concordaram que, em vez do habitual exílio de emoções complicadas, como o medo, cada líder meramente abriu espaço para elas.

Além disso, eles vivenciaram um *insight* profundo: ao se abrirem e simplesmente reconhecerem juntos essas emoções, novas energias e ideias criativas começaram a fluir.

O PRINCÍPIO

As emoções são um portal para a nossa humanidade mais profunda. Conectar-se mais conscientemente com os estados emocionais enseja um relacionamento mais rico, sincero e empático com a vida e com a liderança. Isso, por sua vez, aumenta a energia e a conexão, que fornecem a base para níveis mais elevados de percepção, visão, *insight* e inovação.

A maneira como nos relacionamos – ou, mais frequentemente, não nos relacionamos – com nossas emoções é uma das maiores fontes de fragmentação e desconexão em nossa cultura. No entanto, esse desafio apresenta uma oportunidade madura para a mudança. Ao enfrentá-lo, os líderes podem atravessar um portal transformacional privilegiado, que trará presença e coerência mais profundas para si mesmos e suas organizações.

Quando foi a última vez que você chorou ao assistir ao noticiário? Qual é o seu sentimento ao se deparar com imagens chocantes

“As emoções são um portal para a nossa humanidade mais profunda, para um relacionamento mais rico, sincero e empático com a vida e com a liderança.”

de pessoas sofrendo? Sua mente simplesmente as classifica como só mais informação, sem processar as emoções envolvidas? Quando foi a última vez que você se sentiu de coração partido ao testemunhar como estamos destruindo nosso planeta, ou se sentiu atordoado pelo número de espécies vivas que estão desaparecendo como resultado da ganância e do descuido humanos?

Não estou sugerindo que fiquemos angustiados e aturdidos pelas notícias diárias. O que acredito é que é essencial reconhecer o estado de entorpecimento coletivo que nos abarcou e o quanto ele foi normalizado. A consequência desse entorpecimento generalizado das emoções é a corrosão significativa da nossa capacidade de nos cuidarmos e nos conectarmos. A incapacidade de sentir e acolher emoções nos distancia da vida em si, resultando em um congelamento gradual do coração humano. Essa "ausência" de coração empobrece a vida, a capacidade de liderança e a cultura em geral.

Como afirma Joanna Macy, autora, pesquisadora e ativista ambiental budista, "somos capazes de sofrer por causa do nosso mundo, e esse é o verdadeiro significado da compaixão. A compaixão nos permite reconhecer nossa profunda interconexão com todos os seres. Nunca peça desculpas por chorar pelas árvores que queimam na Amazônia ou pelas águas poluídas por minas nas Montanhas Rochosas. Não peça desculpas pela tristeza, pelo pesar e pela raiva que você sente. É uma medida da sua humanidade e da sua maturidade. É uma medida do seu coração aberto e, conforme seu coração se abre, haverá espaço para o mundo se curar. É isso que está acontecendo enquanto vemos pessoas confrontando com sinceridade as tristezas do nosso tempo".

O líder que cura está comprometido com a união de corpo, mente e coração. No capítulo anterior, exploramos os princípios fundamentais do ser e do fazer. Neste capítulo, traremos as emoções à mesa, uma parte essencial do trabalho de qualquer líder que cura.

REESCREVENDO SUA MENTALIDADE

Muitas culturas e organizações dentro delas desenvolveram duas crenças falsas sobre as emoções humanas. A primeira é que existe isso de emoção "positiva" e "negativa". A segunda é que as emoções nos tornam fracos, imprevisíveis e, em última análise, improdutivos.

Pergunte a si mesmo: você acredita que o medo o bloqueia? Se sua resposta for sim, você não está sozinho. Sempre que faço essa pergunta em uma sala cheia de executivos, praticamente todos concordam que o medo é um obstáculo. A crença predominante é que devemos nos contrapor ou nos livrar do medo, já que não fazer nada frente a essa emoção "negativa" nos impede de tomar as ousadas medidas necessárias para a resolução dos problemas.

Mas nada poderia estar mais longe da verdade.

O que bloqueia nossa capacidade de resolver problemas é o ato de *bloquear o próprio sentimento de medo*. Quando alguém se sente seguro o suficiente para liberar o sentimento de medo – para relaxar e prestar atenção primeiro às sensações físicas do medo e, apenas depois, aos padrões de pensamento e narrativas que ele cria –, quase sempre há um momento de mudança ou abertura. Isso, em geral, leva a uma sensação energizante ou de acomodação, sentida por todo o corpo, que é exatamente o oposto de estar paralisado ou bloqueado.

Nossa maneira individual de inibir emoções foi primeiro aprendida na infância, no ambiente familiar. Que emoções eram bem-vindas em sua família? Como os outros agiam quando você se sentia triste, assustado ou bravo? Seus sentimentos eram ouvidos e validados? Ou lhe mandaram não chorar, não ficar tão animado, não sentir nada?

Todo líder sênior que conheço, por mais habilidoso, bem-sucedido ou poderoso que seja, carrega um pacote de cicatrizes emocionais, mágoas e medos cujo conteúdo, em maior parte, originou-se na infância, podendo incluir qualquer coisa, desde pequenas vergonhas até adversidades e traumas severos. As crianças sentem intensa e fisicamente todas essas experiências. Sem o apoio de pai, mãe ou de um cuidador aberto e atento, o sistema nervoso da criança não consegue digerir experiências difíceis e emoções intensas. Em um esforço para inibir o medo e a dor, os músculos do corpo ficam tensos, a frequência cardíaca aumenta e a respiração se torna superficial. Essa resposta de sobrevivência autônoma é o corpo reprimindo sentimentos difíceis para simplesmente seguir em frente. De fato, todos nós aprendemos cedo como trancar emoções difíceis em um porão escuro, fora da consciência, e apenas viver como se elas não estivessem lá.

Trata-se de um mecanismo essencial de sobrevivência, e é impressionante como sabíamos operá-lo por instinto.

No entanto, por mais que tentemos, e por mais que desejemos o contrário, percebemos, na vida adulta, que há consequências de trancafiar essas experiências fragmentadas e emoções dolorosas. Os blocos de energia congelados dentro de nós se revelam como sintomas limitantes em nossas vidas, muitas vezes comprometendo nossa vitalidade, reduzindo nossa capacidade de nos relacionarmos com os outros e interrompendo nossa capacidade de estarmos de fato presentes. Além disso, emoções enterradas e não resolvidas limitam e distorcem nossa faculdade de pensamento crítico, justo algo que tanto prezamos.

O exílio da emoção é um dos pilares fundamentais de uma cultura de ausência. O processo se tornou tão normalizado que ficamos cegos ao grau em que ele estreita o alcance de nossa percepção e dá sustento ao domínio da mente racional.

O ato de suprimir emoções não é consciente nem malicioso. De fato, muitas vezes suprimimos emoções por um desejo equivocado de proteger outra pessoa do desconforto ou da dor. Recorde-se de um

O medo nunca nos bloqueou. O que nos bloqueia é a incapacidade de senti-lo de verdade. O líder que cura sabe que, ao simplesmente reconhecer e acolher emoções sem restrições, pode ocorrer uma profunda alquimia de relaxamento e conexão.

momento em que alguém que você ama estivesse profundamente triste. Seu reflexo pode ter sido tentar "consertar" o problema, ou de alguma forma ajudar a fazer aquela dor "ir embora". Na verdade, é provável que uma resposta desse tipo tivesse mais a ver com diminuir seu próprio desconforto. Se nós já exilamos nossas próprias emoções, é muito mais difícil apenas ficar ao lado de alguém com dor, simplesmente estar com ele, dando-lhe espaço para sentir aquela experiência em sua totalidade. Dizer: *Estou aqui.* Quando uma pessoa tem permissão para sentir tristeza, dor ou medo na presença de alguém empático e não interferente, ela quase sempre sente alívio, muitas vezes saindo com uma nova noção de como lidar com o desafio pelo qual está passando. Todos compartilhamos a necessidade simples e profunda de sermos ouvidos, de sermos aceitos, do momento em que fomos concebidos até o momento em que morremos.

MENSAGEM-CHAVE:
PARE DE TENTAR "CONSERTAR" EMOÇÕES.

O líder que executa endossa a desconexão, encorajando-nos a ignorar nossas emoções para prosseguir nas tarefas do dia. Já o líder que cura sabe que, ao reconhecer e acolher emoções sem restrições, pode ocorrer uma profunda alquimia de relaxamento e conexão. Esse reconhecimento é uma parte essencial da maturidade que emerge da consciência mais desenvolvida do líder que cura.

A psicoterapeuta e poetisa Miriam Greenspan afirma em *Healing Through the Dark Emotions* [A cura por meio de emoções sombrias]: "A vulnerabilidade está no cerne da nossa capacidade humana de empatia; do sofrimento, mas também da alegria; da mágoa, mas também da compaixão; da solidão, mas também da conexão. Quando estamos mais vulneráveis, ficamos mais vivos, mais abertos a todas as dimensões da existência. Nossa vulnerabilidade é nosso poder".[1]

A LINGUAGEM DA EMOÇÃO

Quando somos questionados sobre como estamos nos sentindo, a maioria de nós geralmente responde o que está *pensando*. Por hábito, minimizamos ou ignoramos nossos verdadeiros estados emocionais e nos lançamos diretamente à análise, argumentação e racionalização, sem aproveitarmos a oportunidade para de fato sentir e compartilhar. É importante reconhecer esses padrões e aprender a discernir com precisão as diferenças entre pensamento e emoção. Para tal, temos que aprender a *desacelerar*, caso contrário, a rapidez da mente sempre assume o controle.

Ao desconstruir crenças comuns sobre as emoções, o líder que cura encontra uma maneira de esclarecer, melhorar e reparar a desconexão emocional. O líder entende que não existem emoções positivas ou negativas. Todas são simplesmente uma expressão de nossa energia vital natural; portanto, parte essencial da nossa humanidade. O "reparo" acontece por meio do sentimento, não por meio da mudança do que quer que seja. Trata-se de algo simples e radical. Quando começamos a trabalhar essa área em nós, descobrimos as inúmeras estratégias que temos para nos afastarmos de realmente sentir alguma emoção. Elas foram construídas ao longo de muitos anos e foram necessárias para a autoproteção. Quando estivermos prontos, começaremos a permitir que parte dessa autoproteção derreta. Com isso, partes inteiras de nós voltam a ficar "online", como se tivéssemos desligado o modem e agora o religássemos.

Certa vez, um cliente que lidera uma grande corporação nos Estados Unidos explicou com eloquência a própria fragmentação. Ele disse que reconhecia sua tendência a compartimentar ou "desconectar" várias partes de si mesmo, particularmente suas emoções, em uma tentativa de se encaixar no que acreditava serem moldes aceitáveis e de ocupar seu espaço no mundo corporativo.

"À época, isso tudo era bom porque era necessário – ou parecia ser", disse ele. "Mas, quando você sai do outro lado, se não consegue juntar todos os pedaços de si mesmo, é deixado capenga do lado de fora da porta."

A PAISAGEM EMOCIONAL

Existem quatro emoções humanas primárias: medo, raiva, alegria e tristeza. Um pouco como a roda de cores de um pintor, pode-se considerar que cada uma dessas emoções primárias faz parte de um espectro, e cada uma pode se misturar com as outras para formar muitos tons. O medo, por exemplo, pode variar de ansiedade leve a terror puro; a tristeza, de aborrecimento leve a pesar profundo. Quando nos sentimos seguros o bastante para de fato sentir as emoções, elas se tornam uma energia que flui através de nós, relaxando o corpo, aterrando-nos profundamente dentro de nós mesmos e, muitas vezes, abrindo canais superiores de percepção e criatividade.

Mas, quando alguma emoção é bloqueada, ficamos frios e dormentes. Incapazes de sentir tristeza, nunca seremos capazes de sentir alegria. Ao sentir e processar nossas emoções, atravessamos para o outro lado, para um local onde vivenciamos uma grande paz. Conseguimos um maior acesso ao coração e vivenciamos mais ternura, abertura e compaixão por nós mesmos e pelos outros. Ao unir lógica, discernimento e análise, ampliamos nossa largura de banda operacional, causando maior corporificação e profundidade emocional.

É necessário um esforço interior para aprendermos a cuidar das feridas ocultas que carregamos dentro de nós. Para isso, temos que descer ao porão. O cliente que mencionei usa a analogia do yoga para explicar esse processo. No yoga, aprendemos uma série de posturas que são difíceis no início, mas que, a partir de certo momento, se tornam muito naturais. O corpo aprende a respirar e fluir de um movimento para o outro. No processo, às vezes sofremos machucados que dificultam os movimentos e exigem que, pacientemente, isolemos o músculo para encontrar o nó ou a tensão e depois trabalharmos nele. O mesmo vale para o processo de reconectar-se com as emoções; quando resvalamos em respostas emocionais difíceis e arraigadas, é preciso isolar o machucado e afrouxar os nós.

Isso deve ser feito em um espaço relacional seguro, do tipo que pode ser proporcionado por um amigo ou colega compassivo, ou com a ajuda de um guia habilidoso, como um *coach* ou terapeuta bem afinados, que não tentarão consertar tudo ou analisar demais. É comum que a simples ação de reconhecer uma emoção traga uma sensação de libertação transformacional, e o líder que cura está comprometido com esse trabalho, a fim de desenvolver a maturidade capaz de criar as condições para que a inteligência emocional genuína floresça em sua organização.

> Testemunhei centenas de casos em que, apenas ouvindo e reconhecendo uma emoção, a pessoa vivenciou uma abertura para novas possibilidades de movimento e resolução muito além das que se encontra por meio do impulso automático de "consertar" um dado problema. Na maioria das vezes, uma pessoa chega a uma solução real após se sentir ouvida e acolhida.
>
> De fato, dei espaço para muitos executivos seniores conforme eles se engajavam com as próprias emoções, permanecendo presentes e sintonizados com elas enquanto choravam ou vivenciavam seu medo ou raiva de modo mais pleno. Esse processo cria uma libertação poderosa, após a qual a pessoa se sente muito mais estável e relaxada. Muitos desses executivos disseram ter esperado anos por uma permissão para simplesmente sentir.

Ao se reconectar com as emoções, o líder que cura é capaz se mover pelo mundo com compaixão e empatia. Ele se expõe mais plenamente e com um maior senso de sintonia consigo mesmo e com os outros. Todos os bons líderes, feito os melhores treinadores esportivos, sabem naturalmente como adaptar a conversa com cada pessoa. Trata-se de uma competência de liderança essencial. Líderes ruins abordam todos de acordo com o próprio humor, pois têm pouca capacidade de sintonia real com outra pessoa. Como seria diferente, se não estão sintonizados consigo mesmos?

Quanto mais presente e aberto eu me torno, mais capaz eu fico de sentir o que está acontecendo emocionalmente em *você*. Quando consigo sentir sua paisagem emocional interior, recebo muito mais informações sobre as necessidades, os desejos e as motivações que impulsionam seu comportamento. E, se eu for capaz de articular com sensibilidade e precisão o que você pode estar sentindo, compartilhamos um momento em nossa relação no qual você consegue sentir quando eu o sinto, e vice-versa. Isso cria uma conexão poderosa, muito além dos relacionamentos transacionais aos quais fomos condicionados a nos envolver. E, com maior conexão, podemos atingir um nível mais alto de resolução.

De fato, é assim que superamos a ausência emocional. Nesse processo, é fundamental aprendermos a ser precisos quanto a nossas emoções; encontrar a palavra certa para um sentimento cria uma sincronização poderosa entre mente, corpo e coração. Um dos padrões mais comuns de desconexão reflete-se nas palavras simples: "Acho que estou...". Uma frase que começa com essas palavras sempre será um pensamento, não um sentimento. Uma resposta precisa à pergunta "Como você está se sentindo?" começa com "Estou sentindo..." seguida por uma variação ou combinação das quatro emoções primárias.

Quando me perguntam como estou me sentindo, se eu desacelerar o suficiente para verificar com cuidado, posso responder "Bom, percebo uma espécie de dormência dentro de mim" ou "Sinto alguma tensão no meu estômago e, conforme direciono minha consciência para isso, tenho uma sensação de ansiedade". Às vezes, sentimos moderação e calma; nos sentimos presentes e conectados, sem nenhuma forte emoção. Outras vezes, reconhecemos alguma emoção, mas a percebemos como se estivesse envolta em névoa. Conforme aprendemos a ser pacientes e precisos nesse processo, descobrimos o poder de parar de consertar e começar a simplesmente acolher o que quer que esteja presente.

Às vezes, pode-se sentir uma mistura de emoções, ou descobrir que uma emoção está encobrindo outra – muitas vezes, a raiva esconde a tristeza ou o medo. Essa tendência é fortemente influenciada pela cultura: com frequência, os homens sentem raiva, mas têm mais dificuldade em reconhecer o medo ou a tristeza subjacentes. As mulheres, por outro lado, geralmente conseguem sentir tristeza, mas nem sempre a raiva que pode estar sustentando essa tristeza. Dessa forma, tanto homens quanto mulheres perdem o acesso ao estoque substancial de energia vital e poder ocultos nas emoções enterradas e reprimidas.

Trabalhei com muitas executivas seniores que expressaram frustração porque, sempre que estão fervendo de raiva, começam a chorar. A noção de que "garotas boazinhas não ficam bravas" está profundamente arraigada em nossa paisagem cultural, sendo tão limitante quanto a ideia de que "homens de verdade não choram e não devem sentir medo".

A importância da precisão linguística é reconhecida na psicologia do desenvolvimento. Se uma criança está tendo um acesso de raiva e um adulto diz "Você está sentindo x ou y", mas "x" ou "y" está incorreto – ou usou-se uma palavra errada para identificar a emoção –, o normal é o comportamento da criança ficar mais intenso. Mas, quando um cuidador amoroso encontra a palavra certa para a emoção que a criança está sentindo, ela se sente vista e compreendida. É algo que proporciona uma sensação de segurança e relaxamento, e a situação é dissipada. Mente, corpo e coração podem então se firmar em um estado de coerência.

O mesmo princípio se aplica à liderança organizacional. Líderes que curam aprenderam a trabalhar com as próprias paisagens emocionais interiores, o que lhes permite manter um espaço isento de julgamentos para as emoções dos outros. Nenhum drama é necessário; apenas um reconhecimento simples e preciso.

> Durante um retiro que coordenei para diretores-executivos nos Estados Unidos, um participante teve um "momento de iluminação". Ele se lembrou de um incidente em que descobriu um funcionário envolvido em atividades ilegais e chamou a polícia.
>
> "Eles chegaram logo de manhã", disse o executivo, "e, na frente de todos em nosso escritório, algemaram o homem e o levaram para fora. Como era de se esperar, a equipe ficou chocada. Mais tarde naquela manhã, reuni todos, expliquei por que eu tinha envolvido a polícia e incentivei todos a continuarem com o trabalho."
>
> Mas, como ele explicou, pelo resto do dia e pela maior parte daquela semana as pessoas ficaram "em uma espécie de torpor".
>
> Em seu momento "eureca", ele percebeu que uma abordagem alternativa teria sido melhor. Ele poderia ter reunido todos e dito algo como: "Estou com raiva do nosso colega de longa data por cometer esse crime, mas também estou chocado e chateado por ele ter sido preso na nossa frente. E imagino que muitos de vocês possam estar se sentindo o mesmo, então vamos tirar um momento para reconhecer os sentimentos contraditórios pelos quais todos estamos passando. Tirem alguns minutos para se virar para a pessoa ao seu lado e compartilhar como vocês estão".
>
> "Se eu tivesse feito isso", ele disse, "se eu tivesse simplesmente reconhecido como todos estavam se sentindo, teríamos economizado centenas de horas de desempenho abaixo da média."

Reuniões de equipe podem ser transformadas quando um líder tem maturidade e capacidade interna suficientes para fazer uma pausa e reconhecer abertamente os próprios sentimentos, como a ansiedade frente a um projeto desafiador. Esse tipo de reconhecimento dá permissão a todos na sala para reconhecerem que estão se sentindo da mesma forma. Não há necessidade de julgamento, análise interminável ou drama. Não há necessidade de "consertar". Leva apenas alguns minutos, mas a discussão estratégica que virá depois quase certamente será de uma qualidade muito maior, porque os indivíduos e o "corpo" do grupo pararam de lutar contra a ansiedade.

A afirmação a seguir é fundamental: aqueles que têm maturidade emocional não reagem, *respondem*. Eles são capazes de responder bem porque têm permissão para sentir e se reconhecem nos outros. A verdade é simples: o reconhecimento sem restrições de nossas realidades emocionais evita a culpa, difamação ou outras explosões indesejadas em potencial. Portanto, nada mais que bom senso. Quando as equipes aprendem essas "habilidades", elas invariavelmente transitam para novos e poderosos níveis de engajamento, energia e pensamento criativo.

> Um cliente meu, diretor-executivo, lidera uma grande organização ao mesmo tempo que ocupa vários cargos em conselhos. Recentemente, ele fez uma reflexão sobre sua experiência em uma reunião do conselho de uma grande empresa dos EUA, na qual ocorreu uma conversa profundamente sincera. Os membros passaram a reunião discutindo a ideia de que a humanidade de todos "precisava brilhar". Segundo ele, todos na reunião derramaram uma lágrima em algum momento.
>
> "Eu nunca tinha visto algo assim acontecer em uma reunião de conselho", disse. "Nunca. E aposto que nunca aconteceu em nenhuma empresa da Fortune 50 antes!"

Pouco tempo depois, ele me escreveu: "Acabei de sair da reunião do conselho da minha empresa. Todos estavam no modo usual de planejamento estratégico. Então fiz a pergunta: 'Lideranças, como vocês estão se sentindo?'. Foi uma conversa catártica, abrindo a oportunidade para algo completamente diferente".

Nunca diga nunca.

O líder que cura corporifica aquilo que o poeta David Whyte chama de "vulnerabilidade robusta": a capacidade de estar presente por completo junto às próprias emoções sem se descontrolar. Líderes assim promovem culturas organizacionais nas quais as emoções são reconhecidas como um aspecto inato e essencial da nossa humanidade. Não permitir a vulnerabilidade, escondendo-a ou apressando-se para resolvê-la, é algo que pertence a um paradigma moribundo. A grande ironia dessa visão de mundo tão antiga é que, ao tentar modelar "força", bloqueia-se o caminho para o verdadeiro poder e a verdadeira percepção. O que se chama de força é algo unidimensional, baseado na supressão e em uma pequena e insegura base de identidade.

Quando trabalho com líderes e equipes, nos concentramos em, com delicadeza, desconstruir as barreiras que erguemos em torno das emoções. Buscamos suscitar a vontade de reconhecer sem restrições quaisquer emoções que estejam presentes, de estar confortável com o desconforto, se necessário, e descobrimos que essa prática cria uma interconexão real. Em um nível fundamental, esse processo nos permite reescrever códigos culturais, liberando assim enormes quantidades de energia nova, criativa e proposital. A disposição de se envolver de modo autêntico nesse tipo de esforço é a essência da maturidade.

Alguns anos atrás, trabalhei com Secretários Permanentes (SP) do Reino Unido, o mais alto nível do serviço público. Um SP compartilhou uma história importante. Ele tinha participado havia pouco tempo de uma entrevista para a TV, durante a qual mencionou que não estava dormindo bem devido a um projeto desafiador, na casa de vários milhões de libras. Depois disso, o SP ficou preocupado porque talvez não devesse ter sido tão sincero. No entanto, quando foi trabalhar na manhã seguinte, ficou surpreso com quantos de seus colegas fizeram questão de dizer que estavam gratos pelo que ele tinha compartilhado. Ao discutir aquela dificuldade abertamente, o SP tinha legitimado as preocupações dos colegas.

Como resultado, todos pareciam trazer um maior senso de disponibilidade e conexão para aquele difícil trabalho.

Outro SP deu um exemplo perfeito do poder de simplesmente reconhecer as emoções. Trabalhando com um novo ministro em um projeto desafiador e de grande orçamento, seu relacionamento era cheio de tensão e brigas sem fim. Um dia, caminhando às margens do rio Tâmisa perto do Parlamento em Londres, ele mencionou que esse projeto o estava mantendo acordado à noite. O ministro parou de andar, olhou-o diretamente nos olhos e disse: "Estou muito feliz em ouvir você dizer isso. Nunca me senti tão desafiado e me sinto ansioso com esse projeto quase o tempo todo".

Nessa simples troca, o relacionamento deles foi completamente transformado.

A vulnerabilidade é uma condição natural. Podemos escolher negá-la ou aceitá-la. Como David Whyte afirma: "A vulnerabilidade não é uma fraqueza, uma indisposição passageira ou algo sem o qual podemos nos organizar para viver; ela não é uma escolha, mas uma força que subjaz ao nosso estado natural, sempre presente, perene".

A vulnerabilidade é uma condição natural. Podemos escolher negá-la ou aceitá-la e descobrir o poder profundo e a conexão que ela nos traz.

Ele continua: "Fugir da vulnerabilidade é fugir da essência de nossa natureza; a tentativa de ser invulnerável é a tentativa vã de nos tornarmos algo que não somos e, mais ainda, de acabar com a compreensão da dor dos outros. Mais seriamente, ao recusar nossa vulnerabilidade, nos recusamos a pedir a ajuda necessária a cada reviravolta da nossa existência, imobilizando os fundamentos essenciais, flutuantes e conversacionais de nossa identidade.

"Ter uma sensação temporária e isolada de poder sobre todos os eventos e circunstâncias é um privilégio adorável e ilusório, e talvez o principal conceito construído sobre o que é ser humano – mais especificamente, de ser um humano jovem –, mas trata-se de um privilégio que deve ser extinto com essa mesma juventude, com problemas de saúde, acidentes, perda de entes queridos que não compartilham nossos poderes intocáveis, poderes eventual e mais enfaticamente abandonados conforme nos aproximamos de nosso último suspiro.

"A única escolha que temos ao amadurecer é como abarcamos nossa vulnerabilidade, como nos tornamos maiores, mais corajosos e mais compassivos por meio de nossa intimidade com o desaparecimento; nossa escolha é abarcar, robusta e completamente, a vulnerabilidade como cidadãos generosos da perda, ou então, como avarentos e reclamões, relutantes e medrosos, sempre nos portões da existência, mas nunca corajosa e completamente tentando entrar, nunca querendo nos arriscar, nunca atravessando por completo a porta".[2]

Talvez você se preocupe por poder, ao sintonizar-se com os colegas, em especial em contextos individuais, acabar tomando para si os problemas deles. Felizmente, esse não é o objetivo nem o resultado. O líder que cura não assume as emoções dos outros. Quando se trata de trabalhar com outras pessoas, permanecer emocionalmente aberto permite que você se conecte a elas para que possa entender e reconhecer melhor como elas se sentem – e nada além, pelo menos não se você estiver bem preparado. A outra pessoa é capaz de sentir que você a sente, e esse simples reconhecimento empático é tudo o que é necessário para ajudá-la a desbloquear a energia e chegar às próprias soluções.

No fim das contas, como Brené Brown diz em *A coragem para liderar*: "Os líderes devem investir uma quantidade razoável de tempo lidando com medos e sentimentos, ou desperdiçar uma quantidade irracional de tempo tentando administrar comportamentos ineficazes e improdutivos".[3]

Sentir-se confortável com o mundo das emoções é, portanto, uma parte profunda e essencial do trabalho do líder que cura. Isso transforma nossa capacidade de cocriar as culturas organizacionais nas quais a energia e a conexão fluam livremente para que níveis mais altos de potencial, *insights* e inovação possam ser despertados e explorados.

RUBRICAS COLETIVAS E INTERGERACIONAIS

Os temas "trauma coletivo"[4] e "feridas intergeracionais" são muito mais profundos e complexos do que podemos explorar aqui, mas todos os líderes que desejam atingir seu potencial mais alto devem ter pelo menos alguma familiaridade com eles.

Algumas das cicatrizes não tratadas que carregamos se originaram muito antes de nascermos, enquanto outras nos foram trazidas pelo cenário histórico e cultural mais amplo que nos cerca. Traumas não resolvidos podem estar enraizados em desastres naturais passados, conflitos sociais, crimes, desigualdade sistêmica ou no mais difundido dos danos traumatizantes: a desumanidade do homem para com o homem. Quaisquer que sejam suas origens, a marca do sofrimento humano afeta a todos nós de alguma forma, muitas vezes mais do que percebemos.

Novas e surpreendentes pesquisas sobre os efeitos do trauma coletivo estão sendo realizadas em toda a comunidade científica, particularmente no campo da epigenética. Em termos simples, a epigenética é o estudo de como a expressão genética é modificada por certos efeitos externos, embora seja importante saber que o código genético em si não é alterado. Estresse ou doença significativos, por exemplo, podem suprimir ou "desligar" a expressão de certos genes ou "ligar" a expressão de outros.

Pesquisadores epigenéticos da Universidade de Zurique realizaram estudos sobre o impacto do estresse e da adversidade em uma espécie de camundongo. A pesquisa revelou que as consequências do choque ou sofrimento em camundongos machos foram passadas para seus descendentes geracionais por meio de marcadores epigenéticos no DNA (transportados no esperma), embora os machos sujeitos não tivessem interação social subsequente ou outro contato com a progênie. Na verdade, o impacto desses marcadores epigenéticos sobre o estresse foi observado nas *quatro* gerações seguintes de camundongos (apesar de esses camundongos não terem sido submetidos a nenhuma condição adversa ou estressante), podendo ser observado externamente em características comportamentais, como maiores ocorrências de agitação, ansiedade e medo.[5]

Sabemos que isso também vale para humanos. Por exemplo, estudos sobre sobreviventes do Holocausto e seus descendentes revelaram diversas vezes a natureza transgeracional do trauma.[6] Não apenas aqueles que vivenciam diretamente um trauma são forçados a suportar seu peso; filhos e netos frequentemente expressam as consequências das experiências traumáticas de um antepassado, mesmo quando o trauma em questão nunca foi conversado na família ou na comunidade.

Na verdade, o silêncio agrava o trauma de muitas maneiras. Onde quer que haja comunidades que passaram por traumas históricos (mas não se curaram), frequentemente observam-se taxas mais altas de muitas doenças, mais casos de morte precoce, distúrbios mentais, vícios e outros problemas sociais limitantes. Essas são apenas algumas das muitas consequências do sofrimento histórico e geracional não curado.

Para entender os complicados padrões emocionais e comportamentais que o trauma provoca, devemos estar dispostos a olhar além da biografia pessoal, ou melhor, a expandir nosso pensamento para perceber que a biografia nunca é inteiramente pessoal, mas sim compartilhada e influenciada pela cultura. A vida dos indivíduos é necessariamente formada e informada por sua experiência familiar, comunitária e sociocultural. Ponto-final.

A questão é a seguinte: padrões desarmônicos e doentios do passado continuam a se repetir em nossa vida, embora de maneira inconsciente, até que sejam totalmente trazidos à consciência e haja espaço para a cura. Quaisquer mágoas ou feridas que nossos ancestrais não tenham conseguido resolver na própria vida são legadas a nós. Como um sábio cliente me disse uma vez: "As mágoas são passadas de geração em geração até que alguém esteja pronto para senti-las". Por isso é tão importante uma disposição sem restrições de enfrentar sensações físicas e emocionais. Trata-se de um esforço crítico, que nos permite descongelar os aspectos do passado para tornar presente o que esteve ausente.

A PRÁTICA

Nas próximas páginas, você encontrará algumas práticas reflexivas simples que podem ajudar a iniciar a transformadora jornada por uma sintonia mais profunda conosco e com os outros, competência fundamental para todos os líderes que curam.

“

As mágoas são passadas de geração em geração até que alguém esteja pronto para senti-las.

”

EXERCÍCIO DE REFLEXÃO

Reflita sobre sua relação com cada uma das emoções principais – medo, raiva, alegria e tristeza – nos seguintes contextos:

» Quando está sozinho, quais dessas emoções você se permite sentir? (Pode ser todas, uma combinação delas ou nenhuma.)
» Quais dessas emoções principais você permite que outras pessoas vejam? Quais esconde?
» Como você se relaciona com os outros quando eles estão expressando essas emoções? Tenta consertar a situação? Ou é capaz de permanecer presente e aberto diante delas?
» Como você descreveria sua capacidade de intimidade? Quão perto você deixa os outros chegarem ou quão intimamente se envolve com os outros?
» Em relação ao que está acontecendo com outras pessoas, quanto você sente dentro de si? Quão perceptivo você é em perceber o que está acontecendo emocionalmente com os outros?

ETAPAS PARA DESENVOLVER SUA CAPACIDADE EMOCIONAL

Comece a prestar mais atenção à sua vida emocional.

» Mantenha um diário e anote o que você sentiu em diferentes situações, em especial naquelas que ensejam ou acompanham dificuldades ou estresse. (Por exemplo, quais foram suas emoções durante uma reunião do conselho? Como essas emoções mudaram em diferentes momentos?)

Encontre pelo menos uma ou duas pessoas que estejam comprometidas em estar mais sintonizadas emocionalmente e que compartilhem o entendimento de que as emoções não precisam ser corrigidas.

» Reúna-se com essas pessoas com regularidade, de forma presencial ou por videochamada.
» Escolha uma situação ou um relacionamento recente que você esteja achando difícil. Pode ser pessoal ou profissional. Pratique a criação de um espaço de escuta incondicionalmente seguro, no qual todos tenham permissão para sentir e expressar cada camada emocional envolvida.
» Vá devagar e apoie os outros no esforço de parar de escapar dos sentimentos ao começar a pensar.
» Se alguém disser "Não sei o que estou sentindo" ou "Estou entorpecido", apenas aceite e respeite.

De vez em quando, vá a um café. Olhe ao redor discretamente. Sem ouvir as palavras sendo ditas, desenvolva sua capacidade de sintonizar-se com os estratos emocionais das pessoas e dos encontros que você testemunha. Perceba quaisquer inseguranças, tristeza, irritação ou entorpecimento – as muitas camadas de humanidade abaixo da superfície das interações humanas.

CAPÍTULO 3

O poder da corporificação

No segundo dia de um treinamento que liderei em 2015, um executivo sênior da Arábia Saudita se aproximou de mim durante o intervalo. "Nos últimos meses", ele disse, "tenho me sentido acima do peso, meio que mal com meu corpo. Depois do nosso trabalho de reconexão com o corpo ontem, senti algo diferente. Hoje, como de costume, fui fazer minha oração matinal e, ao entrar na primeira posição, tive uma experiência completamente nova e direta com meu corpo. E um senso mais profundo do propósito dele, bem como da razão precisa para essa posição e da natureza da oração em si... isso depois de quarenta anos de oração diária!"

É incrível que uma percepção profunda como essa possa advir de um exercício tão simples, e é bastante surpreendente que tão poucos líderes realmente empreendam esse esforço. O exercício de que o líder participou era enganosamente modesto e quase sempre gera descoberta e conexão profundas. Ele envolve um processo simples, mas estruturado, de conexão com a respiração e aterramento do corpo. Isso se combina ao foco atencional, o que o coloca no início de uma "realocação". E então, quando o exercício termina, a maioria das pessoas sente tranquilidade e uma conexão interior muito forte. Se feito com alguma frequência, o exercício começa a reconectar certas vias neurológicas. Por vezes os efeitos são imediatamente profundos, como foi o caso do executivo da Arábia Saudita.

O PRINCÍPIO

O corpo é sua porta de entrada para uma sensação de vivacidade. É também o canal através do qual você pode acessar múltiplas camadas de percepção, informação e conhecimento interior. Quando você nutre o relacionamento com seu corpo, ocorre uma profunda sensação de estar "em casa" consigo mesmo e com o mundo.

Mesmo que, ao longo do tempo, uma conexão mais completa com seu corpo tenha se perdido, você talvez se lembre de como era ser criança, quando a vida era uma experiência intensamente *física*, vivida momento a momento.

Na idade adulta, é mais provável vivenciar uma sensação de desconexão com o corpo. Essa desconexão é outro pilar normalizado de uma cultura de ausência. Dissociação é outra maneira de descrever essa desconexão. Quando nos dissociamos de nossas emoções e sensações corporais, abandonamos a nós mesmos de modo crucial.

A dissociação fecha um canal primário do sistema nervoso, permitindo acesso a apenas uma parte limitada de quem somos. O resultado é que não conseguimos estar presentes e disponíveis por completo.

E podemos sentir essa mesma desconexão nos outros. Por exemplo, quando um líder com quem trabalhamos não está aterrado e conectado com o próprio corpo, nos sentimos instintivamente menos seguros em sua presença. Restaurar a conexão com o corpo – tornar-se mais corporificado, presente e disponível – é, portanto, uma parte essencial do trabalho de qualquer líder que cura.

Todos nós nascemos corporificados; é uma experiência natural para humanos saudáveis. A fissura entre mente e corpo que sofremos mais tarde é algo que aprendemos.

Quando criança, você deve ter tido interações verdadeiramente físicas com o mundo: vivendo cada instante e sentindo cada sensação e emoções do seu corpo. É um estado natural e perfeito. No entanto, a dissociação e a descorporificação não são patológicas; elas surgem como um inteligente impulso de sobrevivência à adversidade e ao trauma, como vimos no capítulo anterior. Quando crianças, passamos por muitas experiências que não conseguimos processar de imediato, ou mesmo por um bom tempo. Elas variam de momentos aparentemente pequenos, em que nos sentimos sozinhos e sem apoio, a cenários de abuso mais extremos. Temos que nos fechar por uma questão de sobrevivência. Fazemos isso tensionando o corpo e restringindo a respiração. Em circunstâncias mais extremas, saímos, de fato, do corpo. Ao desligar os sentimentos durante essas experiências, preservamos apenas os recursos energéticos e cognitivos necessários para sobreviver a elas. No entanto, quando esse desligamento se torna um padrão de longo prazo – quando essas experiências nunca são processadas ou resolvidas –, nos afastamos de nós mesmos e uns dos outros.

A divisão corpo/mente é então agravada por família, comunidade e sociedade. Os sistemas educacionais ocidentais, bem como outras instituições, priorizam a razão e a lógica e recompensam (ou punem) os membros com base nela. Pergunte-se: quando você estava na escola, quanta ênfase era dada à criatividade, comparada ao conhecimento? Quanta ênfase era dada à brincadeira, em comparação aos dados? As crianças em idade escolar de hoje em dia são cada vez mais testadas em sua capacidade de lembrar fatos e calcular operações lógicas, enquanto as atividades físicas e criativas são menosprezadas ou subfinanciadas em favor do acúmulo de conhecimento. Aos poucos, essa forma de ensino e aprendizagem nos separa do corpo e do nosso eu interior, criando um abismo de separação interna. Há muitas vozes poderosas pedindo que isso seja corrigido.[1] A pandemia levou ao ensino doméstico via telas e, em seguida, ao uso de máscaras em salas de aula, o que com certeza aprofundou a fissura.

Nosso corpo nos mantém conectados a nós mesmos e ao mundo à nossa volta. Os sentidos físicos permitem explorações e compreensão, e também que nos sintamos vivos. Eles nos permitem detectar e decodificar múltiplas fontes de informação do ambiente. Podemos ver em todas as culturas indígenas uma riqueza notável de conexão com a natureza, sentida através do corpo, um lembrete de quanto perdemos por meio da hiper-racionalização. E nosso corpo canaliza energia; quando abertos e conectados, somos mais capazes de nos aterrarmos e de entender e nos conectarmos com os outros.

A emoção depende do fluxo de energia através do corpo humano. Quando bloqueamos nossas emoções, fazemos isso mantendo a tensão no corpo para que a energia emocional seja bloqueada e impedida de se mover através de nós. Isso quebra nosso senso interior de conexão ou fluxo, e acabamos descorporificados. Mas, quando nos permitimos sentir, sem julgamento ou opinião, liberamos o fluxo de energia através do corpo e nos sentimos mais energizados e vivos, e muito mais claros em nosso pensamento. É assim que deveríamos ser.

No meu trabalho, é frequente que eu apenas fique ao lado de meus clientes enquanto eles experimentam emoções difíceis. Depois, eles relatam se sentir mais conscientes do próprio corpo – particularmente das pernas – e mais aterrados e vivos. Simplificando: ao nos conectarmos às emoções, nos sentimos mais corporificados. As duas coisas estão inextricavelmente interconectadas, e isso permite que nos sintamos mais em casa conosco mesmos e no mundo.

> Muitos clientes percebem que o que costumavam acreditar ser "ler as pessoas" (descobrir as predisposições dos participantes de uma reunião) era um processo principalmente racional e, a partir do nosso trabalho em conjunto, em vez de analisar as pessoas o tempo todo, eles chegam a informações muito mais sutis e precisas por meio de suas capacidades sensoriais.

Como um CEO me disse: "Às vezes, os sinais que recebo sobre o que está acontecendo ou sobre o que é necessário em uma situação não fazem sentido para mim, mas sigo em frente e descubro um ou dois dias depois que captei precisamente o que era necessário naquele momento, mesmo que eu não tivesse clareza sobre os motivos".

Pense nos momentos em que você se sentiu mais relaxado e em contato com seu corpo. Sua respiração ficou mais livre, seus sentidos mais abertos, e você se sentiu mais à vontade no mundo. Talvez você sinta isso quando está na natureza, logo após se exercitar, ao praticar esportes ou simplesmente ao relaxar. Seja qual for o caso, você se sente mais centrado, presente e "em casa" consigo mesmo. Se você pratica yoga, qigong ou alguma arte marcial, decerto sente isso com frequência. O mundo parece palpavelmente diferente depois de uma aula boa de verdade: as imagens, os sons e os cheiros ao seu redor ficam mais vívidos, mais energizados.

Em seu livro *Touching Enlightenment* [Tocando a iluminação], o pesquisador e budista norte-americano Reginald Ray escreve: "Quando começamos a habitar o corpo como uma forma primária de perceber, sentir e conhecer o mundo, descobrimos que nós, enquanto seres humanos, estamos em um estado de relacionamento íntimo e conexão com tudo o que existe".[2]

Mas até que ponto essa é sua base no cotidiano? Qual é a porção do tempo em que você sente essa vivacidade, essa corporificação? Quando proponho essa questão para um grupo de executivos, em geral ocorre uma sensação de choque ao perceberem que o tempo médio é de cerca de 5%. O líder que cura entende que não precisa ser desse jeito; que essa é uma aberração que normalizamos e que ela pode e deve ser transformada.

O corpo é sua porta de entrada para uma sensação de vivacidade. É também o canal através do qual você pode acessar múltiplas camadas de percepção, informação e conhecimento interior.

FEEDBACK DE UM MEMBRO SÊNIOR DE UMA DAS PRINCIPAIS AGÊNCIAS DE INTELIGÊNCIA DO REINO UNIDO APÓS UM RETIRO DE TRÊS DIAS COM O ALTO ESCALÃO

"Houve muitos benefícios transformacionais em mim e na equipe. Um dos mais palpáveis é o tanto que me sinto mais corporificado ao longo do dia. Pode parecer estranho, mas isso literalmente me deu um novo lar interior, um lar no qual tenho muito mais energia e, ainda mais importante, uma capacidade perceptiva muito mais ampla. Tenho certeza de que o lado estratégico da minha mente está funcionando em um nível mais alto agora que se tornou uma parte de mim, e não o centro de quem eu sou ou pensava que era.

"Por que não me ensinaram isso no início da minha carreira?!"

Apresentações artísticas são um poderoso exemplo da corporificação. Em uma semana, você pode ter ido ao teatro para ver *Hamlet*, de Shakespeare, e se sentido dolorosamente entediado por quatro horas. Em outra ocasião, com atores diferentes, você pode ter se sentido eletrizado, em estado de suspensão por cada fala e cena. Isso provavelmente aconteceu porque os atores estavam em harmonia com seus corpos e, portanto, habitavam as emoções de seus personagens. Toda a apresentação, as palavras e ações que eles retrataram no palco estavam alinhadas com sua própria energia, arrebatando-os. O mesmo acontece com dançarinos e músicos. Pense na diferença que faz para você quando um cantor se conecta de fato com a letra e expressa profundidade e emoção por meio de uma música. A corporificação é um dos maiores dons de qualquer artista, e todos nós instintivamente a desejamos.

Joan Osborne, cantora de rock norte-americana, disse: "Muitas vezes, quando estou no palco, fico toda arrepiada. Sinto esse prazer apenas por respirar, e o canto de repente se torna algo completamente sem esforço. É algo que sinto na minha pele e em todo o meu corpo. Acontece muito. É pessoal, mas também parece que estou fazendo parte de algo maior".[3]

O líder que cura prioriza a reunificação com o corpo. Ele entende que a corporificação dispara uma sensação de vivacidade, criando espaço e disponibilidade para os outros e reafirmando nossa conexão com o mundo. Isso gera uma sensação de presença fundamentada, uma qualidade que diz: *Estou aqui e estou disponível.* Outras pessoas podem senti-la, o que aumenta a presença e a conexão compartilhadas. Além disso, a corporificação aprimora nossos sentidos, permitindo-nos captar indícios e sinais mais sutis, aprofundando nossa intuição. Ela enseja uma mistura de razão e emoção, promovendo um nível mais alto de consciência e uma resposta mais sofisticada a oportunidades e desafios.

Uma grande amiga ganhou muitos prêmios internacionais e foi indicada três vezes ao Prêmio Nobel da Paz. Curioso por entender seu processo interior, perguntei certa vez como ela aborda cenários muito difíceis. Você pode se surpreender com a resposta: "Uso minha prática de meditação para me acalmar internamente", ela disse. "Então, de um modo lento e preciso, direciono minha consciência para o meu útero. Depois de um curto período, é quase certo que surgirão boas respostas."

Há uma lição importante na resposta da minha amiga: se quisermos prosperar em um mundo cada vez mais complexo e incerto, devemos trazer tudo de nós para a mesa de resolução de problemas. Para tal, devemos representar um todo corporificado e coerente. Sozinha, a mente racional já não basta; esquecemos a profunda sabedoria do corpo, e agora é hora de ressuscitá-la.

ÀS VEZES ISSO É SIMPLES
E IMEDIATAMENTE TRANSFORMADOR.

No início do segundo dia de um treinamento, um CEO de Dubai queria nos contar algo sobre sua experiência de corporificação: "Ontem à noite, eu estava no meu quarto de hotel e vi que meu presidente estava ligando. Temos um relacionamento tenso e muitas vezes turbulento. Lembrando do nosso trabalho ontem, respirei fundo algumas vezes e me aterrei fortemente em meu corpo. O resultado? A melhor conversa que já tivemos."

Sim, pode ser tão simples quanto isso. Tente essa técnica antes de cada reunião. Você logo verá uma diferença em seu estado e, portanto, em sua disponibilidade.

Outra vez, perguntei ao autor de uma dúzia de romances de sucesso, com uma prática diária de escrita de pelo menos seis horas, como ele sabia se, em um dia qualquer, seu trabalho estava na "zona" de alta criatividade. Ele pensou por um momento e então disse: "Porque minha respiração muda..."

Ao longo dos anos, perguntei a muitos líderes seniores como tomam suas decisões mais importantes. Mais de 50% deles relatou analisar cuidadosamente todos os dados disponíveis e, em seguida, seguirem seu "*gut feeling*"* – termo em inglês usado para se referir ao instinto ou pressentimento, um senso de conhecimento que provém do corpo. Onde quer que a razão e as sensações (fazer e ser) se unam, vivenciamos uma capacidade de processamento maior e mais coerente.

A essência do líder que cura é a de uma pessoa verdadeiramente corporificada, que consegue equilibrar razão e intuição, lógica e sentidos, receptividade e proatividade. É alguém com presença e sintonia fundamentadas, para si e para os outros.

* Em tradução literal, "sensação nas vísceras". (N.T.)

RELATO DE UM CLIENTE CEO SOBRE O PROCESSO DE DESPERTAR PARA O PODER DA CORPORIFICAÇÃO

No tempo em que eu costumava chegar em casa tarde da noite, havia reverberações e miniterremotos na minha psique por eu não estar me esforçando o suficiente. E eu ficava preso nisso, sem nem perceber. Cinco ou dez anos disso, e você não percebe. Você se torna descorporificado por só conseguir acessar sua capacidade mental; quase todo o resto fica amortecido, não está disponível como capacidade de processamento.

Ainda me lembro dos primeiros meses de trabalho com Nicholas, quando comecei a perceber uns arrepios na espinha. Quero dizer, é uma reação muito comum. É provável que todo mundo consiga se lembrar de uma ocasião em que estava conversando com alguém ou em que ouviu algo que fez com que sentisse um arrepio. Mas eu não tinha uma reação como essa havia décadas, provavelmente. E isso é uma inteligência primária, inata, que está lhe dizendo algo muito importante sobre como você vê ou se move pelo mundo, e agora percebo ser quase impossível viver sem ela. No entanto, eu estava tão descorporificado que tinha esquecido até mesmo dessa reação que meu corpo poderia ter.

Quando processa tudo do pescoço para cima, você tenta analisar as coisas como se fossem um quebra-cabeça e descobre as regras do jogo, faz tudo funcionar, fica de olho em todas as variáveis. No entanto, acaba deixando muita coisa passar, porque há toda essa inteligência em seu corpo e em seu espírito para a qual você está fechado.

“

Sozinha, a mente
racional já não basta;
esquecemos a
profunda sabedoria
do corpo,
e agora é hora de
ressuscitá-la.

”

SAÚDE FÍSICA

Por outro lado, com a descorporificação, observamos efeitos tanto físicos quanto de outra natureza: a mente racional assume o controle e partimos desta postura:

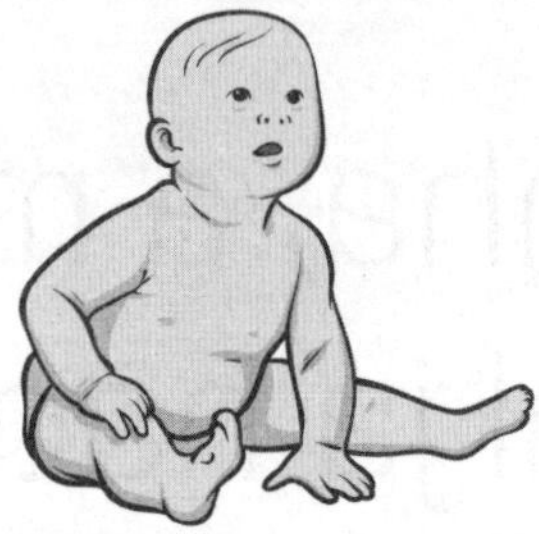

Para uma distorção como esta:

A descorporificação pode de fato levar a dores físicas e problemas crônicos de saúde, incluindo:

DOR NAS ARTICULAÇÕES. A má postura crônica pode resultar em um desalinhamento de articulações vitais, aplicando pressão demais em áreas vulneráveis como os joelhos, por exemplo.

A longo prazo, o aumento da pressão pode danificar as articulações, causando dor e potencialmente agravando problemas como artrite.[4]

DOR NAS COSTAS. Um dos sintomas mais comuns de má postura é a dor crônica nas costas, causada pelo aumento da pressão na coluna. Com o tempo, ela pode contribuir para a degeneração dos discos vertebrais, na qual a cartilagem entre as vértebras espinhais se desgastam com a tensão e ficam inflamadas e doloridas.

MÁ CIRCULAÇÃO. Com o corpo curvado sobre uma mesa o dia todo, o sangue não circula tão livremente quanto deveria. Com o tempo, isso pode contribuir para varizes e vasinhos – veias inchadas, azul-arroxeadas, que podem ser dolorosas e um problema estético.[5]

NERVOS PINÇADOS. Má postura persistente pode levar a uma ligeira mudança no sistema esquelético e ao desalinhamento da coluna. Isso pode comprimir nervos, resultando em dormência ou dor em muitas partes do corpo, incluindo costas, braços, pernas e dedos das mãos e dos pés.

PROBLEMAS DE DIGESTÃO. Ao ficar curvado, seus órgãos internos são comprimidos, podendo afetar o funcionamento deles. A curto prazo, pode levar à constipação, mas, a longo prazo, a má postura pode alterar negativa e permanentemente o seu metabolismo.[6]

FADIGA. A postura natural do corpo é aquela que consome a menor quantidade de energia para manter uma posição ereta. A má postura coloca pressão em partes de você que não são feitas para suportá-la, forçando o corpo a fazer um trabalho extra e fazendo você se sentir cansado e desgastado.

Meu primeiro despertar para o poder da corporificação veio por meio do contato com o grande diretor de teatro polonês Jerzy Grotowski. Ele foi pioneiro em uma abordagem de atuação na qual o ator trabalha para abrir e libertar seu corpo tão completamente que cada impulso interno, emoção, pensamento ou imagem é instantaneamente vivenciado e visível por todo o seu corpo, como em uma criança. Trata-se de uma ideia teatral radical e poderosa, e seu trabalho é reverenciado em todo o mundo.

Fui para a Polônia em 1977, época em que Grotowski tinha parado de dirigir peças e estava conduzindo uma pesquisa puramente sobre o potencial humano. Junto a um pequeno grupo, passei um tempo em uma floresta nas cercanias de Wroclaw, onde fomos conduzidos em um trabalho selvagem e experimental. Passamos muitas horas na natureza. Trocávamos uns com os outros apenas informações práticas essenciais, mas caminhávamos e corríamos juntos, dia e noite, quase sem dormir. Fazia um inverno congelante, mas não tínhamos permissão para usar nenhuma roupa para nos proteger do frio, como casacos ou luvas. Em meio às dificuldades e aos sofrimentos, houve períodos inesquecíveis de intensa vivacidade física e conexão. Vivenciei uma unidade total com a terra e as árvores, e ainda carrego essas memórias viscerais.

Depois disso, passei três anos treinando essa abordagem com uma companhia de teatro irmã na Suíça, e em seguida trouxe o trabalho para o Reino Unido, atuando como diretor e professor por mais de vinte anos. O nível de corporificação no núcleo dessa abordagem foi uma revelação emocionante para muitos atores aos quais ensinei na Royal Academy of Dramatic Art e outras escolas de teatro.

Ao longo dos anos, me envolvi com yoga, kahuna (prática corporal havaiana), corrida, ciclismo e várias artes marciais. Nos últimos dois anos, bem cedo na maioria das manhãs, tenho feito a antiga prática de qigong por quarenta e cinco minutos. É algo que me mantém profundamente corporificado ao longo do dia e abre e estabiliza as sutis capacidades sensoriais do meu corpo.

A PRÁTICA

Não será nenhuma surpresa, então, que uma atividade física consciente e engajada seja a chave para restaurar a conexão com o corpo e manter uma boa saúde. Pessoas de alto desempenho geralmente têm um forte comprometimento com exercícios, e quase todas dizem que pensam melhor ou têm as melhores ideias enquanto praticam atividade física. Um líder que cura adota as atividades físicas como parte de uma abordagem holística, realizando alongamentos e exercícios regulares para reconectar-se ao próprio corpo. Como Arnold Schwarzenegger disse: "Um músculo alongado com consciência é cem vezes mais valioso do que um exercício mecânico".

Isso não significa que você precisa começar a correr, puxar ferro na academia ou se tornar um triatleta, tudo isso enquanto lidera uma organização complexa em um mundo ambíguo. Existem muitas maneiras de restaurar a corporeidade, e até mesmo o menor comprometimento – desde que permaneça consistente em torno de três a quatro vezes por semana – produzirá resultados transformadores. Até a simples experiência de caminhar na natureza com a atenção focada pode literalmente trazê-lo de volta aos seus sentidos.

A respiração consciente também pode trazê-lo de volta para si mesmo. Pense no exercício do Capítulo 1, no qual você simplesmente presta atenção à sua respiração. Talvez você tenha percebido que sua respiração era superficial e focada no peito, e depois se aprofundava a cada inspiração e expiração, expandindo e contraindo o estômago. Um exercício simples assim pode levá-lo de volta ao corpo e aumentar a clareza e o aterramento. E isso pode se tornar uma prática profundamente transformadora que altera tudo, momento a momento, ao longo do seu dia. Nas palavras de Joseph Campbell, professor de religião comparada e mitologia, em *O poder do mito*: "As pessoas dizem que o que buscamos é um significado para a vida. Eu acho que o que realmente buscamos é a experiência de estar vivo, para que nossas experiências no plano puramente físico tenham uma ressonância dentro do nosso ser e uma realidade mais íntimas, de modo a podermos sentir de fato o arrebatamento de estar vivo".[7]

Por meio de muitas das práticas orientais corpo-mente – como yoga ou artes marciais –, aprendemos que a respiração carrega uma carga vital, referida como *chi, qi* ou *prana.* Vemos isso refletido nos termos "Tai chi" e "qigong". Essas antigas práticas consideram a nutrição fornecida pela respiração ainda mais importante para a saúde e longevidade do que a que vem dos alimentos e da água.

UM EXPERIMENTO

Depois de compreender a diferença entre pensar e prestar atenção, veja se consegue, durante o dia e com a maior frequência possível, trazer essa simples consciência interior para sua respiração, exatamente como ela é. Observe quando ela for reduzida ou contraída e use a expiração para liberar e suavizar gentilmente seu corpo.

Ao fazer isso, você gradualmente desenvolverá a capacidade de transformação da atenção interior e exterior simultâneas.

A princípio pode parecer difícil, mas, conforme relaxa com a prática, você descobre, como muitos antes de você, o quanto sua consciência – de si mesmo, dos outros e do seu entorno físico – se torna mais profunda e ampla.

Curiosamente, a ciência ocidental reconhece a importância dos íons negativos, moléculas no ar de carga elétrica negativa e que têm um impacto positivo na saúde humana. Os íons negativos são mais abundantes na natureza: em especial perto de cachoeiras, no topo de montanhas e em florestas, perto do oceano e logo após tempestades.

Nós percebemos o ar ionizado como revigorante, edificante e energizante. De fato, há evidências de que os íons negativos ajudam a neutralizar os radicais livres, melhoram o metabolismo celular e a função imunológica e auxiliam no sono e na digestão.[8] A respiração profunda aumenta o número de íons negativos trazidos para o corpo através dos pulmões e, portanto, exerce um poderoso efeito terapêutico nas células e nos tecidos, ajudando-nos a desintoxicar e recarregar.

As perguntas a seguir foram elaboradas para ajudá-lo a refletir sobre sua relação com a corporificação e como você pode trabalhar nesse tema.

EXERCÍCIO DE REFLEXÃO

- Como é sua relação com seu corpo?
- Por quanto tempo você se sente de fato conectado ao seu corpo?
- Por quanto tempo você vive em seu corpo?
- Na sua infância e adolescência, em que momentos você se sentia mais conectado ao seu corpo?
- Como era o apoio a esses momentos?
- Até que ponto a atividade física era comum em sua família? Havia abraços e contato físico na sua família?

AÇÃO

- Pegue sua resposta para a última pergunta do exercício de reflexão e veja se você consegue separar um tempo para ter mais disso.
- Procure aulas e atividades que realmente lhe proporcionem boas sensações no corpo. Pode ser qualquer coisa, como dança, yoga, qigong, artes marciais, ir à academia, andar de bicicleta ou caminhar.
- Comprometa-se com uma ou mais dessas atividades pelo menos quatro vezes por semana. Mesmo que seja difícil no começo, você logo descobrirá que gosta da atividade (e não quer perder um dia) por causa da energia e da conexão que ela traz para o seu dia.
- Acima de tudo, qualquer que seja a forma de atividade que você realizar, conecte-se mais conscientemente com seu corpo. E, se você gosta de correr ao ar livre, tire os fones de ouvido! Respire... sinta seu corpo... deixe seus sentidos se banharem com o ambiente.

PRÁTICAS PARA TODO O DIA

Pratique prestar mais atenção ao seu físico ao longo do dia:

» Observe sua respiração sempre que puder. Ela parece livre ou contraída? Para onde ela se move?

» Desenvolva o hábito de expirar discretamente com mais profundidade de vez em quando. A expiração é como você contrai sua respiração. Deixe ir.

» Ao caminhar, de fato sinta seus pés no chão. Tente perceber a pressão ao longo de cada pé conforme você anda. O chão é duro ou macio?

» Quando estiver sentado em frente a um computador, preste atenção à sua respiração e à sua postura. Como está sua respiração? Você está curvado? Se estiver, corrija cuidadosamente sua postura.

CAPÍTULO 4

Uma vida de propósito

Muitos dos líderes com quem trabalho descrevem ter perdido contato com um senso de propósito, ou estarem menos inspirados pelo trabalho; como resultado, estão em sofrimento. A restauração do propósito pode ter impactos transformacionais profundos, embora às vezes inesperados. Veja, por exemplo, a experiência de um alto funcionário público em um dos maiores departamentos governamentais do Reino Unido. Embora ele tenha chegado a um alto nível no governo – número dois em um dos maiores departamentos –, ele se candidatou à primeira posição por três vezes, mas não foi selecionado.

Esse alto funcionário público veio até mim para ser "consertado", de modo a finalmente ter sucesso. O que aconteceu foi surpreendente. Em vez de focar competências ou comportamentos de liderança, começamos explorando seu senso de propósito. Depois de algumas reuniões, ele chegou animado a uma sessão.

"Tive um momento de iluminação na semana passada", disse ele. "Percebi que não queria de verdade aquela vaga. Eu estava correndo atrás dela porque é isso que *todo mundo faz.* É a escada que você sobe porque está lá, e nos dizem que ter a ambição de subir a escada é o normal. Percebi que existem outros caminhos e diferentes maneiras de contribuir que estão muito mais alinhadas ao meu coração. E que posso contribuir muito mais ao simplesmente ser fiel a mim mesmo."

O PRINCÍPIO

Viver uma vida sem propósito é como estar em um mar tempestuoso sem leme, âncora ou bússola. O propósito é essencial. Como o eminente psicanalista Carl Jung nos lembrou, viver sem propósito é uma das feridas mais dolorosas para a alma.

O propósito se tornou um tópico muito discutido, tanto em domínios pessoais quanto profissionais. As pessoas agora podem participar de retiros de fim de semana para descobrir sua *raison d'être* – sua razão de ser, em um reflexo duvidoso de nossa cultura de "soluções rápidas" – enquanto, de um lado mais sério, muitas organizações agora buscam a assistência de consultores que podem ajudá-las a definir e articular missão, valores e propósito.

Por algum tempo, pesquisas demonstraram que muitos *millennials* se juntarão de bom grado a uma empresa em cujos valores acreditam, mesmo que ganhem menos dinheiro.[1] E, como muitas ideias que estão à frente de seu tempo, o conceito de um "triplo resultado final" – um que reflita os valores de pessoas, de empresas e do planeta – agora se tornou dominante.[2] As redes sociais tornaram cada vez mais difícil para as organizações fingirem isso envolvendo-se no que ficou conhecido como *greenwashing* – dar declarações ousadas sobre responsabilidade social e ecológica que não são acompanhadas por ações concretas.

Embora ainda não tenhamos digerido as lições mais profundas da pandemia de covid-19, alguns fenômenos se destacam. Em nível local, vimos uma efusão de exemplos de pessoas dedicando cuidado e oferecendo apoio mútuo, muito além do "normal" anterior. E muitas organizações se apresentaram e ofereceram suas capacidades para ajudar a criar itens médicos e outros itens essenciais, alterando e muitas vezes reduzindo significativamente suas margens de lucro.

Em meados dos anos 2000, tive várias conversas com diretores de uma grande escola de negócios sobre o trabalho que estávamos fazendo

“Viver uma vida sem propósito é como estar em um mar tempestuoso sem leme, âncora ou bússola. Como Carl Jung nos lembrou, viver sem propósito é uma das feridas mais dolorosas para a alma.”

com uma das maiores empresas de defesa do mundo. Discutimos como fazia sentido social, moral e fiscal que aquele cliente da área militar começasse a pensar em como usar sua incrível tecnologia para outros propósitos que não a guerra. Foi necessária uma crise pandêmica para que isso ocorresse.

Com muita frequência, a prevalência da mente racional e a ausência de coração fizeram com que associássemos um senso de propósito com crescimento infinito, maior produtividade e ganho material. Acabamos em uma busca perpétua pela próxima "coisa": uma promoção, um aumento de salário, casas maiores, carros novos e assim por diante. No entanto, o que destrói mais as almas do que dedicar de quarenta a oitenta horas por semana a um trabalho cujo propósito não vai além de alcançar os números do próximo trimestre? Comprometer-se com uma organização cuja "missão, visão e valores" é composta de números e metas, em vez de propósito e contribuição?

Certa vez, vi na vitrine de uma loja de telefones dos EUA um anúncio que resume perfeitamente o ciclo em que estamos presos: "Plano MAIS de Tudo – compre HOJE!".

Queremos mais e mais, mesmo sem saber o que é esse *mais* que tanto queremos. Com isso, pegamos mais de tudo na esperança de que isso traga satisfação. No entanto, nenhuma quantia de dinheiro ou outro ganho material chega perto da satisfação que sentimos simplesmente por vivermos imbuídos de um senso de propósito e significado e com o conhecimento de que estamos fazendo nossa parte, seja para uma pessoa, seja para 10 mil.

O propósito emerge da mais profunda essência de quem somos, e, em uma cultura de ausência, perdemos com muita facilidade o contato com essa essência. Continuamos indo em frente o mais rápido possível, trabalhando loucamente para evitar a corrosiva sensação de vazio. Mas isso só funciona por um tempo limitado, já que, como observou o escritor americano Studs Terkel, "O trabalho é uma busca diária por significado diário, bem como pelo pão de cada dia, por reconhecimento, bem como por dinheiro, por maravilhamento em vez de tédio; em suma, por um tipo de vida em vez de uma espécie de morte em horário comercial".[3]

Muitos dos líderes seniores com quem trabalho estão próximos ou já chegaram a um ponto de profundo acerto de contas – um questionamento sóbrio e sincero sobre qual é de fato o sentido de sua vida. Em geral, trata-se de algo que cria uma inquietante sensação de vazio, e não o vasto sentimento de conexão proporcionado pela atenção plena. Há um reconhecimento sombrio e cavernoso de que algo está faltando e de que a vida não pode ser só isso.

Todos nós já passamos por algo assim. Lembro-me dos comentários de um executivo sênior de um treinamento de liderança que eu estava realizando nos EUA. Durante um intervalo matinal, eu o encontrei parado do lado de fora em meio a uma bela paisagem de inverno coberta de neve. Depois de uma profunda sessão sobre propósito, ele estava em estado de choque. Ele se virou para mim e disse calmamente: "Essa merda é profunda". De fato. Mas decerto é

“O propósito emerge da mais profunda essência de quem somos.”

melhor se fazer agora perguntas difíceis sobre aspiração, significado e razão do que enfrentar um arrependimento doloroso nos anos que virão.

Para encontrar respostas a essas perguntas, precisamos nos conectar profundamente com coração e corpo, oferecendo a nós mesmos o espaço e a permissão para sentir as emoções, sejam elas quais forem. Temos que reservar um tempo, tanto quanto precisarmos, para "caminhar" – tempo para digerir a magnitude dessas questões em relação à nossa própria vida.

Muitas vezes, a cultura moderna parece pouco preparada para ajudar a responder a essas perguntas. Nós facilmente driblamos o desconforto, fazemos piada sobre a "crise de meia-idade", usamos o humor para evitar sentir o medo e a ansiedade. Ou compramos mais coisas. Ou buscamos mais status. Ou nos medicamos de várias maneiras, anestesiando a sensação de que nem tudo está bem.

No entanto, é normal que escolher enfrentar essas questões de forma mais consciente crie um momento decisivo, que anuncia uma transformação profunda: o início de uma vida mais rica e plena.

Cerca de quinze anos atrás, eu codirigia a Olivier Mythodrama, uma bem-sucedida consultoria de liderança que ajudei a fundar.

Nessa função, viajei por todo o mundo para trabalhar com equipes de alto escalão. Voos de primeira classe e hotéis cinco estrelas se tornaram a norma, e eu estava ganhando mais do que jamais imaginei ser possível. Mas algo começou, aos poucos, a roer minha consciência, inicialmente em um sussurro quase inaudível.

Foi preciso um retiro de visão cuidadosamente guiado no deserto do Sinai para me acordar. Em um pequeno grupo, passei quatro dias me preparando para três dias de solidão e jejum, durante os quais teríamos apenas água e uma acomodação muito básica, deitados em um lugar isolado, longe de qualquer pessoa.

Durante aqueles três dias, ficou claro para mim o quanto eu tinha sido seduzido pelas armadilhas do trabalho e o quanto tinha perdido de vista meus valores e propósitos mais profundos. Vivenciei uma clareza dolorosa, mas profundamente bem-vinda, o que marcou uma virada crítica em minha vida.

É preciso tanto coragem quanto o momento certo para encarar o fato de que *mais* não é a resposta, e de que pode ser necessário deixar respeitosamente de lado muitas das afiadas ferramentas que nos levaram ao sucesso. E, se estivermos escutando, às vezes seremos chamados a fazer exatamente isso, mesmo sem saber qual será nossa nova direção. Nesses momentos, temos que aceitar a escuridão, em vez de fugir dela, e confiar que emergiremos, em um momento que não será definido por nós, com um novo alinhamento e um renovado senso de propósito.

No Canto 1 do *Inferno* de Dante,[4] alguns dos versos mais famosos da literatura mundial falam diretamente sobre isso:

A meio caminhar de nossa vida
fui me encontrar em uma selva escura:
estava a reta minha vida perdida.

As palavras de Dante ecoam por muitas tradições e, um século depois, foram espelhadas pelo místico espanhol São João da Cruz quando ele descreveu a "noite escura da alma". Essa natureza mítica revela a universalidade dos momentos pessoais de perdição que, embora profundamente desafiadores, são essenciais para a jornada da vida. Ainda que assustadores e difíceis, são pontos de inflexão para a transformação. O ego nos trouxe até aqui e proporcionou muitas coisas boas, mas agora deve ser deixado de lado com gentileza. Jung articulou perfeitamente esse período como um momento para se voltar para dentro, em direção às "necessidades da alma" e "questões do espírito".

Mesmo que rejeitemos as armadilhas da religião tradicional ou outros sistemas de crenças ultrapassadas (frequentemente, por razões muito boas), não precisamos jogar fora a sensação de encantamento. Descartá-la pode nos afastar da natureza mais profunda de nossas experiências, deixando-nos privados de conexão e pertencimento, alienados dos outros e do mundo. Como Einstein observou, "a coisa mais linda que podemos experimentar é o mistério. Ele é a fonte de toda arte verdadeira e de toda ciência. Aqueles alheios a essa emoção, que não conseguem mais fazer uma pausa para se maravilhar e ficar em êxtase, está morto: seus olhos estão fechados".

Quando nos encontramos em um momento de inquirição sobre o panorama dos propósitos e da transformação, novas perguntas surgem:

- Qual é meu verdadeiro dom na vida, minha contribuição inata?
- Qual é minha verdadeira devoção?
- O que verdadeiramente defendo e a que me oponho?
- Como acolho e me guio frente ao desconhecido?
- O que me maravilha nessa vida?
- O que acontece quando me abro àquilo que sempre excluí?
- Qual é o lugar do sagrado ou do transcendente na minha vida?
- Sou capaz de me render? De me curvar a algo que é maior do que eu?

O grande dramaturgo e polemista anglo-irlandês George Bernard Shaw escreveu: "Esta é a verdadeira alegria da vida: ser usado para um propósito reconhecido por você mesmo como poderoso. Ser uma força da natureza, em vez de um pequeno, febril e egoísta feixe de doenças e queixas reclamando que o mundo não se dedicará a fazer você feliz. Sou da opinião de que minha vida pertence a toda a comunidade e, enquanto eu viver, é meu privilégio fazer por ela o que puder. Quero ser completamente usado quando morrer, pois quanto mais eu trabalhar, mais viverei. A vida por si só já me alegra. Para mim, a vida não é uma vela breve. Ela é uma espécie de tocha, esplêndida, que possuo no momento e quero fazê-la queimar o mais intensamente possível antes de passá-la para as gerações futuras".

Como podemos abrir espaço para tais reflexões? Não as encontraremos em escolas de negócios, e raramente em livros sobre bem-estar pessoal e atenção plena. No entanto, chega um ponto em que elas não podem mais ficar sem resposta, não se desejarmos vidas com significado e contribuição.

Além disso, não há como criar organizações com visão de futuro sem fazer essas perguntas. Em todo o mundo, o status quo corporativo tem sido buscar lucro às custas da sobrevivência civilizacional. É hora de colocar "pessoas, lucro e planeta" no ápice do nosso trabalho, como a única maneira de criarmos um lucro saudável e benéfico para todos e contribuir para nossa prosperidade a longo prazo como espécie.

Para exemplos profundamente inspiradores de grandes empresas que já estão comprometidas por inteiro com esse caminho, recomendo fortemente o trabalho de Raj Sisodia, pesquisador e proponente do "capitalismo consciente".[5]

RECONECTANDO-SE AO PROPÓSITO

O líder que cura entende que o propósito é a força vital e está disposto a fazer duas perguntas cruciais:

Qual é o trabalho que me cabe?
O que está sendo pedido de mim?

Tire um momento para digerir essas perguntas. Aceite que não há respostas rápidas. Em vez disso, permita que essa reflexão provoque um processo contemplativo que irá acompanhá-lo ao longo de muitos anos.

No trabalho de reconectar corpo, mente e coração, o líder que cura é alguém que desenvolveu um forte senso de si mesmo, uma presença aterrada e uma disposição para firmar posição frente ao que defende (ou àquilo a que se opõe). O líder que cura aprende a se engajar com as emoções; a conviver com elas, aberto e receptivo, pelo tempo que for necessário. Esse autoconhecimento é essencial para questões de propósito, e a falta dele pode nos custar caro.

Em contraste com o autointeresse desenfreado que subjaz a tantas de nossas crises contemporâneas, o líder que cura sabe que o propósito nasce da contribuição e do serviço. Se para você isso soa demasiado altruísta e idealista, considere que em 2018 psicólogos da Booth School of Business, da Universidade de Chicago, e da Kellogg School of Management, da Universidade Northwestern, publicaram uma pesquisa mostrando que a felicidade que sentimos ao nos doarmos aos outros dura muito mais do que a satisfação ao fazer algo por nós mesmos. Os pesquisadores também descobriram que, além de certo nível de bem-estar material e riqueza, ter mais dinheiro não nos torna mais felizes. Na verdade, tende ao exato oposto. Essa pesquisa se tornou um pilar entre os estudos psicológicos sobre felicidade.[6]

O líder que cura beneficia suas equipes ao perguntar:

- De que aspectos do nosso trabalho você se orgulha?
- O que é significativo para você no trabalho que fazemos?
- O que você gostaria de dizer aos seus netos sobre o nosso trabalho?

Na minha experiência, a maioria das pessoas adora uma oportunidade como essa para refletir e compartilhar; é uma forma de criar vínculos e energizar-se. Isso as ajuda a explorar seu próprio senso de propósito e pode desbloquear novos sentimentos de inspiração, clareza, alinhamento e comprometimento. Até mesmo a percepção de que nos falta propósito pode ser um alívio quando enfrentada sem julgamento.

REFLEXÃO DE UM CLIENTE QUE É DIRETOR-EXECUTIVO

Antes de liderar uma organização em direção a uma visão com propósito, você precisa cavar fundo e descobrir qual é seu propósito, que contribuição quer fazer.
Quando subir na carreira não é mais um motivador, o que o sustenta?
O que de fato o motiva?
O que eu quero deixar no mundo para meus tataranetos? A oportunidade de fazer isso na posição de líder é um privilégio incrível.

“Qual é o trabalho que me cabe? O que está sendo pedido de mim?”

Veja a seguir um roteiro simples, o qual encorajo que seja revisitado por todos regularmente:

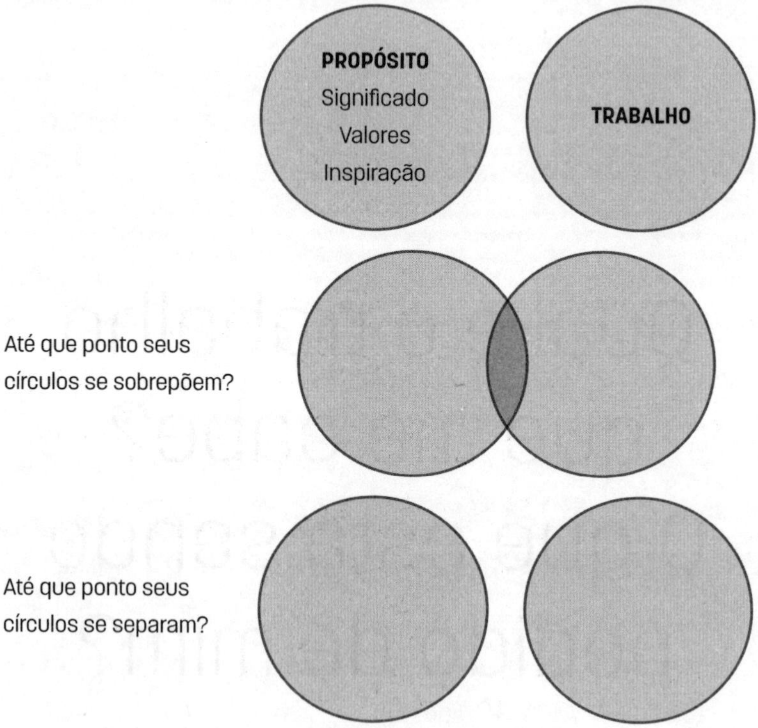

O líder que cura fica alerta às condições desses círculos e quase certamente passa por alguns períodos em que há separação. Quando isso acontece, podemos nos perguntar: é um *teste* ou um *sinal*? Se for o primeiro, precisaremos rever algo sobre nós mesmos ou nosso trabalho, de modo a restabelecer a conexão. Se concluirmos que o último é o verdadeiro, pode ser hora de uma mudança mais radical, como trocar de emprego.

Em termos gerais, há três modos de acordarmos e nos "recuperamos" da perda do propósito:

EM UM MOMENTO DE CRISE, como doenças graves, luto, divórcio, demissão etc. Crises não são garantia de um despertar, mas há centenas de histórias de pessoas cujas vidas foram viradas de cabeça para baixo por tais eventos, mas emergiram com um senso renovado de propósito e direção.[7]

POR UMA COMPREENSÃO ESPONTÂNEA, que ocorre por meio de um momento de reconhecimento, ao perceber que nosso propósito orientador foi perdido e deve ser reencontrado. Isso aconteceu com um dos meus clientes depois que ele se presenteou com uma trilha de férias no Himalaia em comemoração aos seus 40 anos. Um dia, enquanto estava sentado sozinho, de frente para uma paisagem magnífica de montanhas, ele teve um reconhecimento repentino do tanto que, na verdade, sua vida incrivelmente "bem-sucedida" era desequilibrada. Esse tipo de momento geralmente inspira novas escolhas de vida e mudanças transformadoras.

VIA DIÁLOGO COM UM MENTOR/*COACH*. Quando nos encontramos em uma encruzilhada crucial, podemos procurar um companheiro ou *coach* – um guia com profundidade e experiência. Um mentor ou *coach* pode nos encorajar a adentrar no desconhecido e nos rendermos à escuridão, em vez de tentar sair dela o mais rápido possível. No geral, tais momentos são os mais transformadores de todos.

De fato, enfrentar questões sobre o propósito central de nossa vida precisa ser feito em um contexto cuidadoso e com apoio.

O primeiro requisito é criar um espaço forte o suficiente – com a ajuda de um mentor ou *coach*, ou na companhia de um grupo de amigos ou colegas confiáveis e dedicados – no qual todo o espectro do que está acontecendo possa ser reconhecido e sentido. Isto é importante: precisamos manter sob controle o salto impulsivo para racionalizar ou consertar a experiência, mesmo que a inércia cause desconforto.

Assim que nos engajamos de todo o coração, costumamos descobrir dois tipos de tensão emergindo, os quais precisam ser acolhidos e discernidos com precisão. O primeiro é a *atração do passado*. Conforme observado anteriormente, experiências da infância que, no passado, tentamos esconder começam a chamar a atenção e nos levar aos lugares internos onde nossas necessidades fundamentais – acolhimento, nutrição e pertencimento – não foram atendidas de maneira adequada. Se permitirmos que esses lugares em nós sejam sentidos, começaremos a enxergar de que modo os aspectos dos indivíduos que nos tornamos (o "alguém" que cada um tentou construir) baseavam-se, na verdade (e de uma forma sutil, mas essencial) na exclusão dessas partes dolorosas do nosso passado. É um trabalho que exige de nós um nível profundo de vulnerabilidade, mas permite que o coração se derreta para que qualidades de compaixão, conexão e humildade possam florescer.

A segunda tensão é a *atração de níveis mais elevados de consciência*, que são simplesmente os estágios sucessivos do nosso desenvolvimento psicológico e pessoal humano. Se a atenção plena nos leva a um primeiro nível de vastidão aprimorada, somos chamados a um nível de consciência totalmente diferente. Arte, natureza e silêncio se tornam mais essenciais, e a necessidade de certezas racionais recua ainda mais para o fundo. Em culturas tradicionais, as pessoas de imediato reconheciam esse chamado e se retiravam para florestas, desertos ou cavernas, literal ou metaforicamente, em busca de um período de contemplação. Nenhum limite de tempo era estabelecido para essa tarefa, já que a necessidade de estar no controle não tinha mais precedência. (Abordaremos isso em mais detalhes no próximo capítulo.)

O líder que cura está comprometido em criar uma cultura na qual o tempo para uma contemplação profunda pode existir sem que tenhamos que deixar o mundo. Ele também corporifica o tipo de liderança e organização que emerge quando nossa identidade organizada e individualista se torna menos rígida, e somos capazes de acolher um campo maior de conexão, um senso mais profundo de propósito e um instinto natural para administração e serviço.

A PRÁTICA

A ideia de propósito é arquetipicamente associada ao elemento fogo, que materializa a paixão, a vontade e a ação. O líder que cura reflete a respeito dos momentos da vida em que se sentiu mais "em chamas". Não se trata necessariamente de uma sensação estridente ou dramática; é mais um sentimento de estar alinhado consigo mesmo e com seu trabalho de forma intensa.

Também é valioso olhar para trás e ver como e onde nos desviamos desse senso de alinhamento. Que mentiras sutis contamos a nós mesmos ou aos outros simplesmente para nos encaixarmos? De que maneiras colocamos em risco nossos valores e como podemos corrigir isso?

EXERCÍCIO DE REFLEXÃO

Relembre os momentos da sua vida em que você se sentiu mais alinhado com seu propósito.
Podem ter sido experiências únicas ou que tenham durado meses, mas, ao relembrá-las, contemple:

» O que estava acontecendo?
» Como você se sentiu?
  › Tente identificar emoções específicas e seja o mais preciso possível.

Se você estava com outras pessoas, qual era a qualidade de seus relacionamentos?

» Você se sentia próximo a essas pessoas? Sentia-se bem sintonizado com elas?
» Que valores essenciais você estava corporificando?
» Que tipo de contribuição você estava dando?
» Que partes de suas habilidades e dons únicos estavam em ação?

Explore vários desses períodos e pense/sinta seus pontos unificadores.

» Neste momento, quão longe ou perto você está desse tipo de alinhamento?
» Ao considerar essa distância, o que fez com que você perdesse o contato com essa sensação de alinhamento?
» Como você pode estar colocando em risco ou diluindo sua vocação, ainda movido pela necessidade de "se encaixar", ser amado e aceito? Até que ponto você ainda "fica na surdina"?
» Qual legado você deseja deixar? Como deseja ser lembrado?

PRÁTICA

Encontre os lugares e as atividades que permitem que você entre em uma modalidade mais reflexiva.
Pergunte a si mesmo:

» Qual é minha verdadeira devoção?
» O que parte meu coração?
» O que eu amo?
» Quais são meus dons e habilidades únicos?

Deixe que suas respostas o ajudem a decifrar seus valores essenciais e identificar onde você encontra paixão e propósito.

» Leia materiais que o inspirem, incluindo biografias, e consuma música ou outras formas de arte que o toquem profundamente.
» Comece um diário. No final de cada dia, escreva o que o tocou, o que o surpreendeu e quais momentos ou interações pareceram novos e vivos.
» Fale com amigos próximos e colegas sobre propósito, valores, inspiração e significado.
» Tente escrever poemas ou textos livres sobre o que mais o toca ou inspira. Não precisa ser nada longo ou escrito à perfeição – ninguém mais precisa lê-los. Basta escrever sobre suas paixões.

“Na cultura contemporânea, é raro o transpessoal ser transparente. Como resultado, muitas vezes ficamos perdidos de verdade.”

Em 1982, durante um dia quente no Egito, subi a longa rampa até a câmara principal da Grande Pirâmide de Gizé. Lá dentro, apenas austeras paredes de pedra e um sarcófago aberto e solitário. Assim que cheguei à câmara, fiquei paralisado pela atmosfera. Depois de alguns minutos, me vi imerso em um estado alterado, semelhante aos que experimentei durante práticas meditativas e criativas, exceto por sua intensidade incomum. Fechei os olhos e logo perdi a noção do tempo. Senti como se estivesse no epicentro de um grande vórtice de energia.

Por fim, um pequeno grupo de outros turistas chegou, e ficou claro que eles estavam irritados com a subida. Segundos depois de chegar, uma mulher proclamou com raiva "Não tem nada aqui!" e saiu furiosa, seguida rapidamente por seus companheiros.

Na cultura contemporânea, perdemos o território no qual o transpessoal é transparente. Então, de fato, parece que "não tem nada aqui". Como resultado, muitas vezes ficamos perdidos de verdade.

CAPÍTULO 5

Atenção plena e meditação

O PRINCÍPIO

Meditação e atenção plena são dois dos recursos mais importantes e poderosos do líder que cura. Ambas as práticas ajudam a abrir e estabilizar a dimensão interior do *ser*, garantindo que operemos com a maior largura de banda possível e sejamos capazes de acionar todas as nossas faculdades. A base essencial fornecida pelas práticas contemplativas nos ajuda a acessar uma qualidade de profunda quietude interior, mesmo em meio ao barulho e ao caos que tantas vezes nos cercam, seja em ambientes de negócios complexos, em meio a políticas divisivas, durante uma pandemia global ou em um momento de mudança climática acelerada.

Como mais e mais líderes estão descobrindo, tais práticas são cruciais. Elas oferecem uma tábua de salvação vital em um mundo volátil, auxiliando nossa capacidade de chegar a uma perspectiva mais ampla, em vez de ficarmos presos na visão de túnel de uma situação imediata. A turbulência do mundo não desaparecerá, mas, quando formos capazes de acessar a quietude interior, não precisaremos mais dela. Aprendemos a operar a partir de um lugar de grande profundidade interior para que, mesmo quando nos virmos fustigados por ventos contrários, nosso lastro nunca nos falhe.

Sob o domínio da mente racional, ficamos presos em uma dimensão da realidade que repousa apenas no que podemos enxergar à nossa frente. Mas, ao nos dedicarmos às práticas de meditação e atenção plena, podemos começar a acessar níveis mais profundos de *ser* e uma nova qualidade de silêncio interior. E descobrimos que não há fim para a profundidade e o dom desse silêncio.

Os novos níveis de consciência ativados por essas práticas foram descritos ao longo da história e em diversas culturas e são exaustivamente pesquisados pela ciência contemporânea. Nos últimos três mil anos, pequenos grupos de pessoas em todas as culturas exploraram a natureza da consciência humana e descobriram meios para desenvolvê-la e expandi-la. Muitos desses grupos formaram um núcleo esotérico dentro da religião estabelecida de sua cultura e com frequência escolheram viver em mosteiros, *ashrams* ou locais remotos em meio à natureza, separados do mundo cotidiano. Independentemente da cultura ou religião, suas explorações – e as verdades universais que descobriram – tornaram-se centrais para o que hoje chamamos de grandes tradições espirituais do mundo.

Algumas dessas comunidades espirituais foram aceitas e respeitadas, enquanto outras foram rejeitadas ou mesmo perseguidas e exiladas, particularmente em tempos em que a religião ortodoxa se posicionava como o agente central de poder e controle em uma determinada sociedade. Outros grupos escondiam ou retinham seus ensinamentos na crença de que, se as pessoas não fossem preparadas ou iniciadas de maneira adequada, aprender os ensinamentos poderia ser contraproducente ou mesmo destrutivo.

Dos antigos maias e primeiros cabalistas aos grandes mestres iogues da Índia e xamãs nativos americanos, muitas das antigas tradições previram com precisão impressionante nossa era atual de volatilidade, incerteza e incríveis mudanças. Eles previram que este período seria um momento em que seus ensinamentos seriam mais necessários e, portanto, deveriam estar disponíveis.

> Os novos níveis de consciência ativados pelas práticas de meditação foram descritos ao longo da história e em diversas culturas e são exaustivamente pesquisados pela ciência contemporânea.

Vemos o reflexo dessa previsão no aumento generalizado do interesse na prática da atenção plena, agora usada em escolas, hospitais, prisões e muitas organizações em todo o mundo. Os benefícios para algumas escolas com altos índices de violência são notáveis e bem documentados, e em muitas organizações com visão de futuro a prática da atenção plena se tornou parte do cronograma diário.

Inúmeros CEOs de alto nível e figuras públicas disseram publicamente que a meditação é uma parte essencial de suas vidas, incluindo Jeff Weiner, Ariana Huffington, Russell Simmons, Joe Rogan, Bob Shapiro, Padmasree Warrior, Andrew Chert, Marc Benioff, Oprah Winfrey, Bob Stiller, Bill Gates, Bill George, Ramani Ayer, Steve Rubin, David Lynch e Jerry Seinfeld. Ray Dalio, fundador do maior fundo de *hedge* do mundo, disse: "Provavelmente, a meditação foi a razão mais importante dos meus sucessos".

RELATO DE UM CLIENTE: VICE-PRESIDENTE SÊNIOR DE UMA CORPORAÇÃO MULTINACIONAL DE TECNOLOGIA

"Desde nosso trabalho juntos, começamos todas as reuniões importantes com cinco minutos de silêncio, de olhos fechados. No começo, pareceu um pouco estranho, mas rapidamente se tornou essencial, porque os resultados são muito evidentes.

"Desde que concordamos em reservar esse curto período para nos recolhermos, nos conectarmos conosco e com a presença do grupo, a qualidade do nosso pensamento, bem como nosso senso de conexão mútua, transformaram-se drasticamente.

"É fascinante perceber que, um ano atrás, seria impensável fazer isso."

Mesmo que a prática moderna de atenção plena seja uma versão diluída de seu ensino original, o aumento do interesse parece representar uma correção crucial para a separação e desconexão que discutimos em capítulos anteriores. É como se, subconscientemente, a humanidade entendesse o tamanho da urgência dessa correção. E não é por acaso que a prática de atenção plena costuma começar com um convite para trazer mais consciência para nossos corpos, abrindo assim os portais descritos no Capítulo 2.

Há muitos benefícios conhecidos da prática de atenção plena, incluindo:

- redução do estresse;
- melhoria no bem-estar e na resiliência;
- melhor qualidade nos relacionamentos;
- maior capacidade de foco;
- melhor tomada de decisão;
- maior habilidade de colaboração.

Por mais valiosos que sejam esses benefícios, a maioria ainda pertence ao domínio do "eu" e se resume a melhorar como *eu* opero. Em nossa cultura de auto-obssessão, é fácil esquecer o propósito mais profundo da atenção plena e da meditação: dissolver a experiência de separação; ampliar e transformar o senso de eu/mim; e se abrir para o mistério de um campo profundamente unificado.

Talvez não haja palavras melhores para capturar esse mistério do que as de Einstein: "Um ser humano é parte de um todo chamado por nós de 'Universo', uma parte limitada no tempo e no espaço. Ele vivencia a si mesmo, seus pensamentos e seus sentimentos como algo separado do resto, uma espécie de ilusão ótica de sua consciência. Essa ilusão é uma [...] prisão para nós, restringindo-nos aos nossos desejos pessoais e à afeição por algumas pessoas mais próximas de nós.

"Em nossa cultura de auto-obssessão, é fácil esquecer o propósito mais profundo da atenção plena e da meditação."

Nossa tarefa deve ser nos libertar dessa prisão, ampliando nosso círculo de compaixão para acolher todas as criaturas vivas e toda a natureza em sua beleza".

Einstein estava tocando no que a psicologia chama de *transpessoal*, ou transcendente. Também podemos chamá-lo de "silêncio interior", "vastidão" ou o que quer que nos pareça o certo. À medida que vivenciamos esses domínios, descobrimos uma dimensão da realidade muito além do mundo comum do aqui e agora. O reino transpessoal é totalmente diferente e não afetado pelos eventos contemporâneos. Simplificando: ele sempre foi, sempre é e sempre será. Nada muda isso. Conectar-se e estabilizar essa dimensão em nossa consciência nos permite transitar pelo mundo do aqui e agora de uma maneira totalmente diferente.

Trata-se de algo que tem sido vivenciado e descrito em todas as culturas desde tempos imemoriais.

A meditação e a atenção plena rompem nossa fixação limitada apenas às "letras pretas" e abrem nossas capacidades de percepção para absorver dimensões totalmente novas da consciência – a "página branca" e além.

Dee Hock, fundador da Visa International, escreveu certa vez: "E se o próprio conceito de separabilidade for uma grande ilusão da civilização ocidental, exemplificada pela Era Industrial, útil em certas formas científicas de conhecimento, mas fundamentalmente falha em relação ao entendimento e à sabedoria? E se nossas noções de separabilidade, particularidade e mensuração forem apenas uma aberração momentânea na grande evolução da consciência?".[1]

Por meio do nosso trabalho em conjunto, centenas de líderes conseguiram aprofundar uma prática de meditação existente ou começar uma do zero. Todos relatam ter vivenciado benefícios significativos, mesmo que tenham achado a prática difícil no começo.

Frequentemente, o resultado é uma maior sensação de tranquilidade e eficácia. Muitos clientes me dizem que conseguem produzir mais em menos tempo e sentem mais energia e menos fadiga.

Para outros, ocorre uma abertura mais profunda. Uma sensação de silêncio interior se fortalece, permitindo que percebam a si mesmos, aos outros e ao mundo de uma forma mais multifacetada e nuançada. Eles descobrem uma nova propensão para os "valores da alma" e uma experiência mais profunda do propósito. À medida que isso acontece, a influência dos impulsos e desejos habituais anteriores diminui, e eles são substituídos por um sentimento de conexão e presença na vida e no trabalho.

Muitos desses líderes, como o executivo citado algumas páginas antes, introduziram uma prática de grupo: apenas alguns minutos de silêncio praticado por todos no início das reuniões.

Os principais ensinamentos das tradições espirituais convergem em torno de um tema central para o despertar: um profundo sentimento de "acordar" para uma nova qualidade de consciência que nos arrebata da cultura da ausência, como se estivéssemos acordando de um sonho. No lugar da ausência, agora há presença: *Estou aqui e estou disponível.* Somos ao mesmo tempo sofisticados pensadores racionais, sensitivos e emocionais, sabedores intuitivos, criadores imaginativos e formas físicas corporificadas. Todos os aspectos do eu estão envolvidos em um estado contínuo de *flow* e, simultaneamente, enraizados em uma quietude ou um silêncio imutável. Nossa capacidade de descansar no *ser* se aprofunda, por mais ocupado e ativo que nosso *fazer* se torne.

"Os principais ensinamentos das tradições espirituais convergem em torno de um tema central para o despertar: um profundo sentimento de "acordar" para uma nova qualidade de consciência que nos arrebata da cultura da ausência, como se estivéssemos acordando de um sonho."

Nossa prática do "círculo reverso" se aprofunda naturalmente, abrindo-nos para novas dimensões.

De um modo ou de outro, todas as tradições espirituais falam sobre:

- Escapar da separação para uma experiência de conexão e unidade – uma consciência da interdependência de tudo.
- A capacidade de acessar um nível central de quietude interior, vastidão e um vazio que é paradoxalmente preenchido com uma imanência magnífica (distinto do vazio árido que é uma marca registrada da depressão).
- Maior autossuficiência ou satisfação interior e, portanto, menos dependência de objetos, status, elogios, reconhecimento ou validação.
- Uma transformação no pensamento: da consciência da escassez para a consciência da abundância.
- O despertar da compaixão profunda e um impulso inato em direção ao altruísmo.
- Redução do apego ao ego pessoal.

As tradições espirituais também enfatizam a *atenção* como a maior ferramenta que temos para transformar a consciência. Normalmente, nossa atenção é direcionada pela mente racional e limitada pelo que podemos perceber com os cinco sentidos. (Lembra da mulher decepcionada que encontrei dentro da Grande Pirâmide?) No entanto, essas tradições ensinam que o que concordamos em chamar de "realidade", por mais convincente que seja, é, na verdade, uma parte infinitesimal do todo maior. De fato, aquilo a que prestamos atenção molda nossa realidade, então, ao mudar como e em que prestamos atenção, expandimos a nós mesmos e nosso mundo.

Estamos apenas começando a testemunhar um casamento rico e muito significativo entre os fatos concretos da ciência contemporânea e os *insights* mais profundos das antigas tradições centrais do mundo. Pesquisas em neurociência conseguiram demonstrar que a atividade cerebral é alterada pela prática da atenção plena, que impacta tudo, desde a frequência das ondas cerebrais até a função e o volume da matéria cerebral. Por exemplo, quando uma pessoa pratica prestar atenção de forma mais consciente, sua frequência de ondas cerebrais se move da faixa beta (de 14 a 20 Hz), observada na consciência normal de vigília, para ondas alfa (de 8 a 13 Hz), observadas durante o devaneio, a meditação e a experiência de estados de *flow*, como aqueles vivenciados por atletas quando imersos em sua prática. Muitos artistas, escritores e cientistas relatam seus próprios momentos de *flow* durante os quais vivenciam uma maior criatividade, *insights* profundos e produtividade aparentemente sem esforço.

Considere as palavras da psicóloga Frances Vaughan: "Uma vez após a outra, parece que as principais realizações humanas envolvem saltos intuitivos de imaginação. São as faculdades intuitivas, holísticas e de percepção de padrões associadas ao hemisfério direito do cérebro que rompem as formulações existentes da verdade e expandem o corpo de conhecimento. A estabilização de *insights* intuitivos e sua utilidade para a humanidade são, na sequência, determinadas por um exame e uma validação cuidadosos e lógicos, mas a visão ou o *insight* original é intuitivo".[2]

Carlos Santana, lendário músico de rock, disse: "Como Miles Davis diria, 'Fique quieto'. Diga à sua mente para ficar quieta. Desligue a TV, desligue o rádio e comece a ouvir essa mistura de vozes – anjos, demônios – e, de repente, elas se tornam uma nota, uma voz, uma melodia, e você a agarra. Na maioria das vezes, isso vem de quando você está profundamente quieto; é quando surge a melhor música".[3]

A meditação e a atenção plena ajudam a largar nossa fixação pelo mundo das letras pretas e criar uma abertura através da qual reconhecemos a página branca, ou novas dimensões de consciência.

Isso nos fornece um novo e rico conjunto de ferramentas. Com elas, descobrimos a capacidade de:

- Realocarmo-nos e residirmos em um nível profundo de "ser", a partir do qual operamos com muito mais clareza e firmeza, mesmo em meio a um mundo volátil.
- Percebermos circunstâncias e eventos com muito mais contexto e compreensão – com consciência expandida –, permitindo-nos enxergar muito mais do que o mundo preto e branco à nossa frente: ricas camadas de nuances, sinais sutis e os sussurros de uma inteligência mais holística.
- Operarmos como um todo coerente, a partir da mente, do corpo e do coração, permitindo-nos:
    » Sintonizarmo-nos mais profundamente com as situações e responder com sabedoria, em vez de deixar que nossas reações habituais e inconscientes assumam o controle.
    » Trazermos uma maior qualidade de atenção e presença para nossas relações, inclusive com colegas e equipes, o que ativa novos níveis de potencial ao nosso redor.

Por meio de práticas de atenção plena e meditação, o líder que cura aprende a interagir tanto com as letras pretas quanto com a página branca. Isso promove uma conexão mais íntima com todos os aspectos da vida, incluindo com o que chamamos de transcendente.

Nas palavras de Jalal ad-Din Muhammad Rumi, grande poeta persa do século 13: "Viva no Não Lugar de onde você veio, mesmo que tenha um endereço aqui".

Ocupe-se. Mas encontre maneiras de acessar seu ser essencial e lembre-se de que você faz parte de algo vasto e atemporal. O caminho do líder que cura é a jornada de uma vida toda em direção à maestria.

Aqueles que a seguem com fidelidade descobrem novos e surpreendentes níveis de percepção e inovação, e possibilidades mais profundas para todas as formas de relacionamento. Ao longo do caminho, o líder que cura aprende a tornar visível o transpessoal e a fazer contato cada vez mais consistente com o transcendente.

David Bohm, físico teórico do século 20, disse: "Se você chega às profundezas de si mesmo, alcança a própria essência da humanidade. Fazendo isso, você é levado para a profundidade geradora da consciência, comum a toda a humanidade, que envolve toda a humanidade. A habilidade de uma pessoa de ser sensível a isso se torna a chave para a mudança da humanidade. Estamos todos conectados. Se pudéssemos ensinar isso, e se as pessoas pudessem entender isso, teríamos uma consciência diferente".[4]

A PRÁTICA

Faço aqui um convite, encorajando-o a adotar práticas de atenção plena e meditação até que elas residam no centro da sua vida sem maiores complicações. Como em qualquer nova prática, isso é algo que requer intenção e comprometimento. Enquanto a meditação requer que você reserve um tempo (para começar, reserve vinte minutos para sentar-se em silêncio), a atenção plena pode ser praticada ao longo do dia, onde quer que você esteja e em qualquer coisa que esteja fazendo, eliminando a barreira do "não tenho tempo".

Uma observação importante: "prestar atenção" *não tem nada a ver com pensar*. É fácil confundir as duas coisas no começo, mas entender sua distinção é importante. Pensar é uma função do lado esquerdo do cérebro; *prestar atenção* é uma função primária, fundamental.

O princípio central da atenção plena é prestar atenção deliberada e incondicional a tudo o que surgir.

"Deliberada" significa escolher muitas vezes como e a que você presta atenção; já "incondicional" significa perceber com exatidão o que está acontecendo dentro de você – física, emocional e mentalmente –, sem procurar analisar ou mudar nada.

Há várias razões pelas quais isso pode ser difícil no início.

- Nosso sistema nervoso se habitua a certos níveis de ativação e físico-química que eles acarretam. O ato de prestar atenção de maneira consciente é um fator ou frequência completamente nova, que no começo contraria essa ativação; em essência, estamos nos desintoxicando. Isso torna a prática regular essencial: embora desconfortável no início, aos poucos a desintoxicação traz alívio e uma sensação de acomodação e alinhamento interiores.
- O domínio da mente racional exige que entendamos tudo, para que possamos nos sentir no controle. O ato de prestar atenção sem restrições ou análises desafia esse profundo impulso. À medida que, aos poucos, nos realocamos na experiência do ser, começamos a perceber como *não* é necessário que o pensamento domine. Com o tempo, a energia necessária para nos sentirmos no controle diminui, e passamos a vivenciar uma enorme sensação de alívio e relaxamento interiores. Esse impulso é lentamente substituído por uma abertura para sensações e *insights* sutis, para os quais antes tínhamos pouco espaço.
- Por último, mas não menos importante, à medida que nosso controle sobre o pensamento se afrouxa, começamos a vivenciar um senso expandido de consciência e podemos descobrir novas camadas de emoção dentro de nós. Aprender a trabalhar apropriadamente com as emoções é uma parte essencial do nosso desenvolvimento, como abordamos no Capítulo 3.

Com a prática regular, essas dificuldades logo diminuem. Ao nos conectarmos regularmente com corpo, emoção e propósito, descobrimos um caminho potente de restauração – de "voltar para casa" –, e os *insights* vitais que esse caminho produz corporificam-se como o cerne de nossas vidas.

O compromisso com a prática tem dois componentes:

- atenção plena ao longo do dia;
- meditação diária.

PRATICANDO A ATENÇÃO PLENA

A prática da atenção plena ao longo do dia expande a largura de banda da percepção e aprofunda a capacidade de presença corporificada.

» A prática mais concreta e transformadora é *aprender a prestar atenção interna e externamente, ao mesmo tempo*. Ao comprometer-se com essa prática, você notará que se sente muito mais presente e que escuta muito melhor.

» A melhor maneira de fixar essa prática é aprender a manter alguma parte da atenção no corpo o tempo todo – lembre-se do "círculo reverso".

› Comece com sua respiração. Preste atenção à sua respiração e, uma vez que isso se torne natural, inclua uma consciência das solas dos seus pés.

› Quando estiver andando por aí, sentado à sua mesa ou em uma reunião, mantenha abertos esses canais de consciência interiores.

Como estamos quebrando hábitos há muito arraigados e instalando novos, geralmente é essencial definir modos evidentes de se lembrar de praticar a consciência. Sem lembretes, é muito fácil esquecer.

Os lembretes a seguir foram testados e aprovados por centenas de líderes com quem trabalhei:

- Compre uma caneta nova. Sempre que estiver em uma reunião, coloque a caneta sobre a mesa para que, toda vez que olhá-la, você seja lembrado de se concentrar na respiração. Se ela estiver presa e contraída, expanda-a suavemente, alongando a expiração.
- Cada vez que seu telefone tocar, aproveite para respirar fundo, conscientemente, sentindo seus pés; só *depois* atenda à chamada. Bônus: você provavelmente notará uma melhora incrível na qualidade de suas conversas telefônicas.
- Carregue um pequeno objeto no bolso, como uma pedra. Toque-o regularmente como um lembrete para se concentrar na corporificação.
- Coloque imagens por todo o seu espaço de trabalho como lembretes para observar o corpo e respirar.
- Programe seu telefone para enviar notificações.
- Use um dos excelentes aplicativos que existem para essa prática, como Headspace, Calm ou Waking Up, que têm funções de lembrete integradas.

CRIANDO UMA PRÁTICA DE MEDITAÇÃO

Todos os dias, dedique um tempo para sentar-se calmamente, de olhos fechados, com a coluna em uma posição suave e ereta.

- Tente praticar com uma constância regular; o começo do dia, antes do café da manhã, costuma ser o melhor momento.
- Escolha um local para meditar.
- Descansar meditando logo após um treino físico, mesmo que brevemente, quase sempre será benéfico para a mente e o corpo.

A meditação pode ser feita apenas sentado, sem orientação ou auxílio, ou pode envolver exercícios de atenção e/ou orientação por áudio, que os aplicativos mencionados anteriormente podem fornecer. É importante entender que não estamos tentando parar de pensar. Pode acontecer às vezes, mas não é o objetivo. O objetivo é nos localizarmos no espaço interior *além* do nosso pensamento, sem muito esforço ou fixação.

Cada sessão será diferente. Deixe de lado a necessidade de que seja de uma maneira específica. Alguns dias sua "mente de macaco" tagarelará sem parar; em outros você pode se sentir em paz e feliz. Saiba que, por meio da prática consistente, você está abrindo novos (e mensuráveis) caminhos neurais em seu cérebro e, com o tempo, os resultados e benefícios ficarão muito claros.

PRÁTICA SIMPLES SENTADO

Defina um cronômetro para alertá-lo após vinte minutos, uma hora ou qualquer período que pareça melhor. Então:

Concentre suavemente sua consciência em sua respiração. Tente notar cada detalhe de cada inspiração e expiração.

Em seguida, permita-se sentir as sensações distintas que surgem em todas as partes do seu corpo, incluindo aquelas áreas que parecem dormentes ou desconectadas. Simplesmente observe.

Depois de um tempo, expanda sua atenção para incluir quaisquer sons que ocorram ao seu redor. Apenas ouça-os – não há necessidade de analisá-los. É provável que você note muitos sons dos quais não estava ciente.

Aos poucos, volte sua consciência para a crescente sensação de vastidão e silêncio interiores.

Sempre que você se distrair com pensamentos (o que é normal), apenas observe. Então redirecione sua consciência de volta para a respiração e para o silêncio interior.

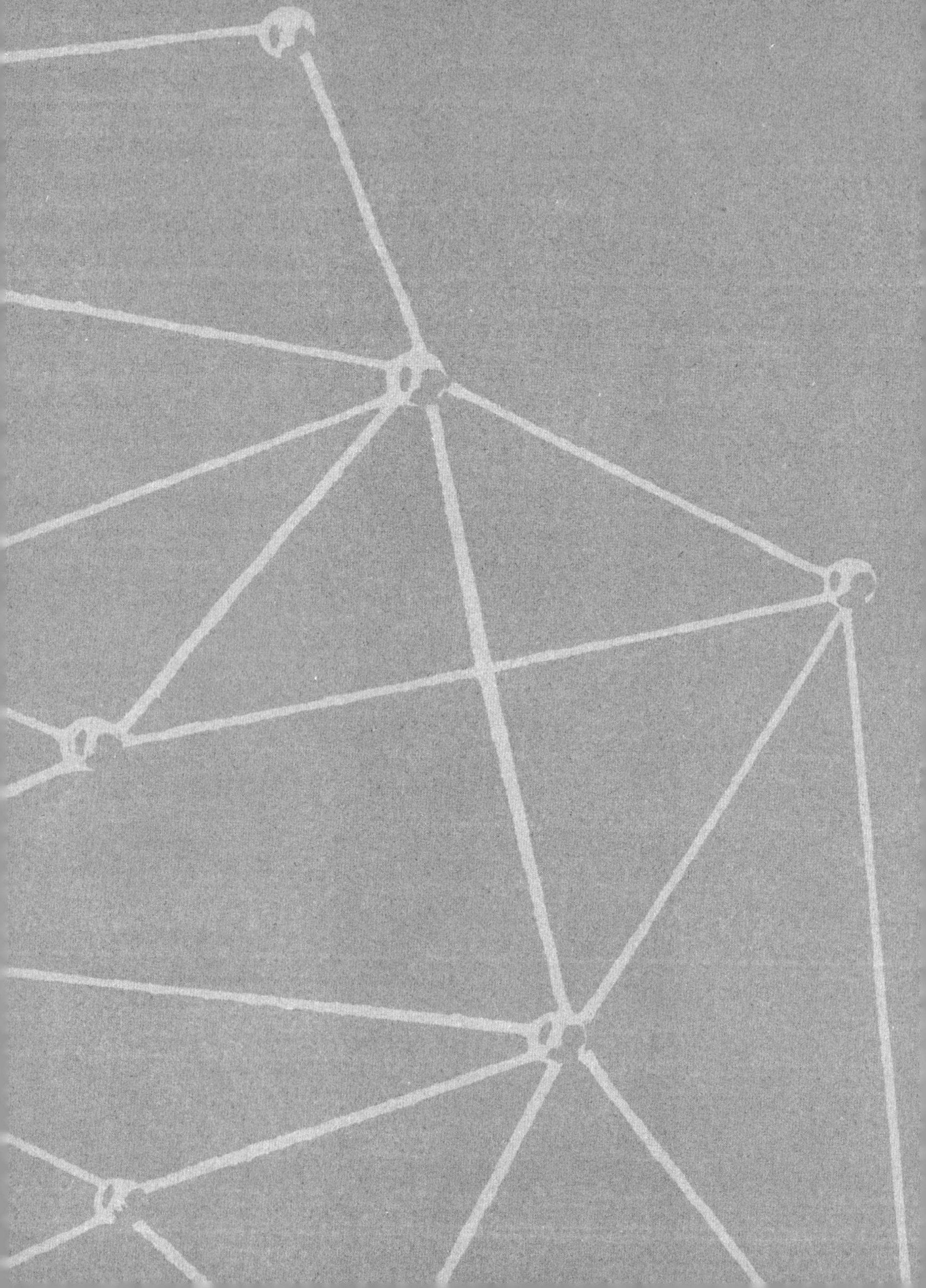

CAPÍTULO 6

O chamado

Há aproximadamente 3,5 bilhões de anos, organismos unicelulares microscópicos surgiram nas profundezas dos oceanos do planeta. Mais de três milhões de anos atrás, nossos antepassados na evolução inventaram as primeiras ferramentas. Demorou mais dois milhões de anos até que eles aprendessem a usar o fogo, e mais oitenta mil anos, mais ou menos, para que nossos ancestrais começassem a criar vasos de barro, tecer roupas de fibras naturais, dedicar-se à agricultura e inventar a roda.[1] Em comparação, os humanos modernos vivem em uma época de crescimento tecnológico exponencial e mudança planetária radical. Apenas nos últimos vinte anos, testemunhamos o surgimento e a proliferação generalizada de smartphones, Facebook, carros autônomos, edição genética, impressão 3D e videoconferência, para citar apenas alguns desenvolvimentos. Algumas estimativas sugerem que houve mais avanço tecnológico nos últimos cinco anos do que nos quinhentos anteriores.

As mudanças estão cada vez mais rápidas. E, se formos capazes de nos adaptar, uma grande mudança gera tanto uma grande disruptura quanto uma grande oportunidade.

Os intratáveis problemas sociais e sistêmicos da humanidade se propagaram com a mesma rapidez, de modo que a crise ecológica agora representa uma ameaça existencial para nós e inúmeras outras espécies. Se acreditamos na ciência ou conhecemos a história, levamos essa ameaça a sério. Afinal, sociedades fracassaram e civilizações entraram em colapso por muito menos. A diferença agora é que somos uma civilização global inextricavelmente interconectada.

O que os líderes mais precisam entender e – tomara – se tornar para gerar estratégias verdadeiramente adaptativas na vanguarda evolucionária?

É como Otto Scharmer, professor no MIT e autor *best-seller*, escreveu: "Este é o momento em que o que mais precisamos é do máximo de pessoas com habilidade, coração e sabedoria para nos ajudar a escapar da beira do colapso e seguir um caminho diferente".[2]

Enquanto poucos concentram enormes poderes, muitos ainda sofrem grande dificuldade apenas para sobreviver. Por todo o mundo, o trabalho de governos e instituições é frequentemente dominado pelo interesse próprio, e os artefatos da cultura global refletem os mesmos impulsos. Embora a qualidade de vida tenha melhorado muito em muitas partes do mundo, a globalização do poço sem fundo da ganância, a competição incessante e o hiperconsumo colocaram a humanidade em perigo. A galopante desigualdade econômica, política e social é extrema, muito mais impulsionada por diferentes tipos de interesse próprio do que pela preocupação com o bem do todo.

Por mais difícil que seja encará-los, esses impulsionadores estão nos empurrando coletivamente para uma possibilidade genuína de colapso da civilização, parcial ou total. Nas palavras de Michio Kaku, físico teórico, futurista e autor de *best-sellers*: "Ainda temos as mesmas paixões sectárias, fundamentalistas e irracionais de nossos ancestrais, mas a diferença é que agora temos armas nucleares, químicas e biológicas".[3] Cientistas climáticos de todo o mundo concordam: o impacto da humanidade no planeta disparou o alerta vermelho. Para ter alguma esperança de desacelerar essa tendência, o que dirá revertê-la, devemos olhar para além do crescimento tecnológico e econômico e buscar avançar nossa inteligência ética, moral, emocional e espiritual compartilhada.

Com notícias tão ameaçadoras, como podemos nos preparar para uma catástrofe potencial e, ao mesmo tempo, trabalhar juntos para reduzir aquilo que ela tem de pior? Quais mentalidades ultrapassadas precisam ser transcendidas se quisermos prosperar, e não apenas sobreviver, em nossas organizações e sociedades?

Acredito que a gravidade deste momento é uma oportunidade evolutiva sem precedentes: a escolha de integrar a sabedoria contemplativa atemporal com os avanços da ciência e da psicologia modernas.

Ao longo deste livro, abordei o que pode ser entendida como uma causa-raiz do perigo corrente: o grau em que a função racional do lado esquerdo do cérebro estabeleceu seu domínio, resultando na subjugação da consciência emocional e na supressão de nossas capacidades sensoriais inatas. Lembremo-nos de que a mente racional só consegue pensar e analisar; ela não *sente*. Com isso, perdemos a experiência fundamental de *conexão* – conosco mesmos, uns com os outros e com o mundo.

No nível organizacional, temos tentado gerenciar uma complexidade cada vez maior com ferramentas já não mais adequadas para esse propósito. No nível social, temos dificuldades de lidar com desafios acelerados e polarizações em larga escala, sem acesso aos níveis mais profundos de *insights* e sabedoria que surgem quando as partes de nós trabalham como um todo coerente.

No entanto, ansiamos profundamente pela conexão que estados mais holísticos poderiam trazer.

O esporte, por exemplo, é uma das formas mais populares de saborear esse estado, e é a razão pela qual dediquei tantos anos ao estudo do estado de *flow*. Considere as palavras de Bill Russell, famoso jogador de basquete do Boston Celtics:

> De vez em quando, um jogo do Celtics esquentava tanto que virava mais do que um jogo físico ou mesmo mental, era algo mágico. Essa sensação é muito difícil de descrever, e eu certamente

> nunca falava a respeito quando estava jogando. Quando acontecia, eu conseguia sentir meu nível subindo. Era raro acontecer e durava de cinco a doze minutos, ou mais... A sensação se acercava não apenas de mim e dos outros jogadores dos Celtics, mas também dos adversários e até mesmo dos árbitros. Nesse nível especial, acontecia um monte de coisa estranha. O jogo era de uma competição ferrenha, e ainda assim, de alguma forma, eu não me sentia competitivo – o que por si só já é um milagre. Eu fazia o máximo de esforço... e ainda assim nunca sentia dor. O jogo se movia tão rápido que tudo era surpreendente e ainda assim nada poderia me surpreender. Era quase como se estivéssemos jogando em câmera lenta. Durante esses períodos, eu quase conseguia sentir como a próxima jogada se desenvolveria e de onde viria o próximo lance... Minhas premonições eram sempre certas, e eu sempre sentia que não só conhecia todos os jogadores do Celtics de cor, mas também todos os adversários, e que todos eles me conheciam... Eram os momentos em que eu sentia um arrepio subir e descer a espinha.[4]

Vivenciar esse estado enquanto jogador, e estar na presença de tal fluxo enquanto espectador, é profundamente animador e inspirador. Muitas vezes, comentamos sobre esses momentos anos depois, de modo que eventos esportivos muito especiais adquirem um status quase mítico na consciência coletiva. No entanto, embora já estudemos incansavelmente e dediquemos inúmeros recursos para cultivar tais momentos "mágicos", não sabemos de verdade como situar essas experiências dentro de um contexto maior; portanto, nem sempre conseguimos enxergar por completo suas implicações. Na realidade, momentos poderosos de *flow* são janelas para uma consciência expandida e coerente, que desafia nossa experiência comum de separação e desconexão.

“A gravidade deste momento é uma oportunidade evolutiva sem precedentes: a escolha de integrar a sabedoria contemplativa atemporal com os avanços da ciência e da psicologia modernas.”

Sem exceção, todos os líderes com quem trabalhei, individualmente ou em grupos, vivenciaram momentos de "aquela sensação". Essas experiências podem ser raras ou quase esquecidas, mas são cheias de significado. Elas mudam momentaneamente a maneira como enxergamos o mundo e nos levam a níveis de desempenho mais elevados e coerentes. E todos os líderes – na verdade, todas as pessoas que já conheci – desejam que a vida seja mais permeada por essa sensação.

É como se estivéssemos coletivamente presos entre duas histórias muito diferentes sobre a realidade e sobre o que significa ser humano e, portanto, quais são nossas responsabilidades. Uma história é a do determinismo material: vivemos em um universo basicamente "morto"; nossas escolhas intelectuais, morais e culturais são determinadas apenas por fatores materiais; o que chamamos de "consciência" é apenas um subproduto do cérebro físico. Essa realidade está encapsulada nas "letras pretas", sendo a história-padrão da ciência ocidental convencional.

A outra história é a de um universo vivo, no qual a consciência é a matéria-prima. Como notado por autores como Fritjof Capra, Thomas Berry e muitos outros, é uma "nova história", que surge na síntese da sabedoria religiosa antiga e dos dados da vanguarda científica. Está simultaneamente nas letras pretas *e também* na página branca.

É uma história que muda tudo e nos coloca em um momento crucial na evolução humana.

A liderança de que precisamos agora não tenta fugir da complexidade do mundo, mas desenvolve uma capacidade de ser eficaz que reconhece que a realidade fundamental tem uma unidade inerente. É por isso que a revolução primária de que precisamos é uma revolução mais espiritual do que política ou econômica, que também são muito necessárias.

“A liderança de que precisamos agora não tenta fugir da complexidade do mundo, mas desenvolve uma capacidade de ser eficaz que reconhece que a realidade fundamental tem uma unidade inerente.”

O RETORNO DO EXÍLIO

Talvez o sofrimento mais doloroso que criamos involuntariamente seja a perda da sacralidade em nossa vida, a perda do maravilhamento pelo Mistério no qual estamos envolvidos. Cito Einstein mais uma vez: "A coisa mais linda que podemos experimentar é o mistério. Ele é a fonte de toda arte verdadeira e de toda ciência. Aqueles alheios a essa emoção, que não conseguem mais fazer uma pausa para se maravilhar e ficar em êxtase, estão mortos: seus olhos estão fechados. Saber que o que é impenetrável para nós de fato existe e se manifesta como a mais alta sabedoria e a mais radiante beleza, cujas formas brutas são inteligíveis para nossas pobres faculdades – esse conhecimento, esse sentimento [...] é o cerne do verdadeiro sentimento religioso. Nesse sentido, e somente nesse sentido, eu me classifico entre os homens profundamente religiosos".

Confesso que, nesse sentido exato, eu também sou e sempre fui um homem profundamente religioso, procurando descobrir como viver essa sensibilidade em nosso mundo secular sem me enredar com formas e dogmas tradicionais.

Nas páginas anteriores, tentei delinear um caminho teórico e prático para o tipo de liderança evolucionária que acredito ser essencial em todos os domínios: pessoal, organizacional e social. É um caminho de *restauração*, por meio do qual nos esforçamos para reintegrar aspectos antes exilados de nossa natureza: o físico, o emocional e o transpessoal. Nesse caminho, o brilho e a sofisticação da mente racional tomam seu devido lugar ao lado da mente sensorial e emocional, criando juntos uma inteligência muito maior e mais holística.

Várias e várias vezes, em líderes seniores e suas equipes, vi a evidência: quando as pessoas enfim se sentem seguras o bastante para *desacelerar* e vivenciar mais conexões pessoais e interpessoais

“

O sofrimento mais doloroso que criamos involuntariamente é a perda da sacralidade em nossa vida, a perda do maravilhamento pelo Mistério no qual estamos envolvidos.

”

dentro do corpo, do coração e da alma, há uma enorme sensação de libertação. Libertação do pesadelo de uma mente acelerada, da implacável sensação de pressão, da sensação de nunca ter tempo o bastante. Por fim, há um profundo alívio – uma acomodação interna e um novo senso de ser.

E é a partir dessa acomodação que começamos a vivenciar um refinamento no pensamento crítico, acessando novos e mais elevados níveis de inteligência e testemunhando o brotar da genialidade, da inspiração e dos *insights*.

O CHAMADO

Como diretor de teatro, com frequência observava dois tipos distintos de ator: o ator tecnicamente competente e o ator que se "rende".

O primeiro poderia me procurar com um dilema: "Não sei o que fazer com essa fala". Minha resposta seria sempre a mesma: "O que quer que você faça com essa fala não importa tanto quanto o que *ela* fará com *você*". Ao longo de vinte anos de trabalho com atores, pesquisei como ajudá-los a se aproximar consistentemente do que significava ser um "canal", um recipiente através do qual frequências intensas de todo o espectro da humanidade poderiam fluir, assim como é feito em qualquer grande apresentação musical ao vivo.

Quando um ator entendia isso, ele era capaz de recitar uma linha de Shakespeare, por exemplo, com um impulso de emoção completamente novo, uma erupção imprevista de energia e vivacidade. E, se ele tivesse aprendido a se *render* a esse fluxo, a se entregar "como se estivesse apaixonado",[5] então nós, no palco ou nos ensaios, poderíamos nos comover até o âmago. Lembro-me de casos em que a simples palavra "Obrigado", dita em um momento culminante de uma peça de Shakespeare, poderia levar às lágrimas quase todo o público.

Por meio de um ator que se rende, entramos na presença de uma magnífica força vital. Não é de se admirar que as pessoas estivessem dispostas a acampar em uma calçada durante a noite em uma Nova York invernal, abaixo de zero, para conseguir ingressos do recital de uma artista de ópera como Maria Callas, que se entregou tão completamente a essa força.

O grande artista, assim como o grande cientista e o grande líder, amadureceu o suficiente para perceber que os almejados níveis mais elevados de criatividade, percepção e inovação não são algo a que chegamos. Ao contrário: *esses níveis é que chegam a nós.* O grande artista reconhece quando é hora de se afastar, de abrir mão do controle e demonstrar um equilíbrio entre ser e fazer. O líder que cura amadureceu o bastante para saber como se curvar e se render ao surgimento de novas ideias e percepções mais elevadas. Ele entende que, primeiro, muitas das inovações de que precisamos no momento chegarão desse modo e, depois, que não há como saber quais serão essas qualidades emergentes até que elas apareçam. Nossa tarefa é cultivar em nós a receptividade.

Os líderes do passado eram mestres da mudança incremental e da mudança gradual e eram selecionados e recompensados por sua capacidade de maximização de lucro. Os líderes de hoje devem ter potentes capacidades de lógica, razão, discernimento e antevisão estratégica e devem *também* ser empáticos e, portanto, corporificados; aterrados e, portanto, intuitivos; presentes e, portanto, acordados. Devem ser habilidosos em atenção plena e escuta profunda; presentes e receptivos a níveis mais elevados de percepção e inovação; capazes de inspirar engajamento e colaboração autênticos; e ter um senso claro e sincero de serviço, missão e propósito. Eles são chamados a restaurar a coerência onde há fragmentação e unidade onde há divisão.

Eles devem ser intencionais e se render, capazes de aceitar a volatilidade, incerteza, complexidade e ambiguidade do nosso tempo para se tornarem agentes através dos quais a ruptura radical se transmuta em oportunidade radical, e a crise planetária em transformação global.

Eles são os arautos de um novo futuro.

Estes são os *líderes que curam*.

Sua hora é agora.

“O líder que cura amadureceu o bastante para saber como se curvar e se render ao surgimento de novas ideias e percepções mais elevadas.”

Posfácio

A história de Nicholas Janni

Nasci em 1954, em Londres, filho único de uma abastada família do *show business*.

Meu pai, um judeu italiano, foi criado em Milão. Ele fez faculdade de engenharia, mas tinha grande interesse em cinema. Certa vez, ele inscreveu um de seus filmes na seção amadora do Festival de Cinema de Veneza e ganhou o primeiro prêmio, mas, quando perceberam que ele era judeu, recusaram-se a lhe conceder o prêmio. Sua resposta? "Um dia, vou voltar e ganhar o prêmio principal."

E ele ganhou.

À medida que a Segunda Guerra Mundial se aproximava, a população judaica italiana sofria crescentes restrições e perseguição. Enxergando o que estava por vir, meu avô concordou com uma operação à qual ele sabia que quase certamente não sobreviveria, e meu pai, minha avó e meu tio foram forçados a fugir da Itália, seu lar. Para sua consternação, meu pai se viu detido por um tempo como um "estrangeiro inimigo" no Campo de Detenção de Metropole, na Ilha de Man.

Depois que a guerra terminou, reacendeu-se o amor do meu pai pelo cinema, e ele se tornou um dos maiores produtores de cinema do mundo. Com seu amigo próximo, o diretor John Schlesinger, ele fez *O mundo fabuloso de Billy Liar*, *Ainda resta uma esperança*, *Darling – A que amou demais*, *Longe deste insensato mundo*, *Domingo maldito* e *Os yankees estão voltando!*. E ele fez filmes com outros grandes: Joseph Losey, Franco Zeffirelli e Ken Loach.

Minha mãe era de origem galesa, criada em uma família de classe média alta em Brighton, e foi uma das primeiras mulheres a ganhar uma bolsa para estudar na Universidade de Oxford. Uma mulher brilhante, vivaz e excepcionalmente bonita, ela conheceu meu pai enquanto trabalhava como assistente em um de seus primeiros filmes.

Meus pais viviam um estilo de vida de "celebridade" em Chelsea; estrelas de cinema da época eram nossos hóspedes regulares. Eram os anos 1960 e morávamos perto da famosa King's Road* (do que eu tinha muito orgulho). Nosso lar era cheio de energia, sempre animador, mas também profundamente volátil, e só mais tarde entendi quão denso o ar tinha ficado com o trauma não falado e não curado dos meus pais.

Durante a guerra, o único irmão da minha mãe morreu em seu Supermarine Spitfire, um avião de caça de um lugar, perda agravada pelo fato de que nem sua aeronave nem seu corpo foram encontrados. Meu tio saiu em uma missão e não voltou. Anos depois, soube por um amigo da família que, por volta dos 15 anos, minha mãe teve um colapso nervoso. Embora o fato nunca tenha sido discutido abertamente, ela acabou sendo diagnosticada com depressão maníaca, agora chamada de transtorno bipolar.

Apesar dessas dificuldades emocionais, ela era uma mãe tremendamente dedicada. Lembro-me de como ela sempre ficava na linha lateral durante as partidas de futebol da minha escola, independentemente do clima. Ainda assim, com o tempo, seus desafios de saúde mental se tornaram cada vez mais evidentes.

Quanto ao meu pai, ele viveu o resto da vida no Reino Unido, um exílio em mais de um sentido. Como tantos outros sobreviventes do Holocausto, ele seguiu em frente enterrando não só o trauma, mas toda a sua identidade como judeu, incluindo qualquer resquício de

* Rua londrina que, à época dos fatos narrados pelo autor, era o centro da contracultura britânica. (N.T.)

religiosidade ou espiritualidade. Na verdade, ele se tornou veementemente ateu, o que significa que cresci quase sem referências e decerto sem compreensão dessa parte de quem éramos.

Enquanto a instabilidade emocional da minha mãe crescia, acompanhada em intensidade pelos baixos incapacitantes da fadiga crônica, meu pai, com frequência, explodia em uma raiva vulcânica. Fui mandado para um internato aos 9 anos. No começo, fiquei sobrecarregado pela dor da separação, um trauma por si só, e base para o grupo de terapia britânico Boarding School Survivors [Sobreviventes de internatos]. Mais tarde, no entanto, comecei a amar a escola. Foi lá que fiz meu primeiro filme, em 16 milímetros, e onde tive minha primeira experiência teatral poderosa, interpretando o papel de Lady Macbeth. Ainda me lembro de nossa excelente professora de teatro e da intensidade com que nos apresentamos.

Aos 16 anos, minha vida mudou radicalmente de direção.

Na escola em Londres, eu estava totalmente imerso na contracultura adolescente da época – sexo, drogas e *rock and roll* – para a qual o estudo acadêmico se tornou uma interferência tediosa. Era de lei ir a *shows* noturnos de bandas como Pink Floyd, Yes, The Nice e outras. Mas, perto de um feriado, fui convidado para acompanhar um amigo em uma visita à sua avó na Escócia. Ela era uma monja em Samye Ling, um mosteiro budista tibetano perto de Lockerbie. Embora seja agora uma das maiores comunidades desse tipo na Europa, à época Samye Ling era só uma casa, fundada por Chög-yam Trungpa, o famoso lama tibetano.

Passei os primeiros dias lá encantado e fascinado pela natureza exótica do lugar: o salão de meditação ricamente decorado, cheio de monges tibetanos realizando orações, prostrações, cânticos e meditações aparentemente sem fim. Eu nunca tinha visto nada parecido.

Certo dia, alguém me emprestou um texto budista clássico que comecei a ler uma tarde. Ele sugeria que cada um de nós vive dentro de uma pequena e fortemente condicionada experiência de si mesmo e do mundo, uma que esconde algo muito mais profundo e vastamente mais real. De repente – não sei como ou por que – foi como se um enorme véu tivesse sido rasgado, expondo essa realidade mais verdadeira e mais vasta para mim.

Eu nunca tinha pensado sobre essas coisas, mas entendi imediatamente, no fundo do meu ser, a verdade do que estava lendo. Foi algo que alterou de maneira irrevogável o curso da minha vida. Desde então, o impulso de explorar o eu mais profundo e o senso mais expandido de realidade apontados por aquele antigo texto tem sido o foco central da minha vida.

Eu não tinha ideia de como ou por onde começar, é claro, mas copiei um longo pedaço de um texto budista que fazia pouco sentido para mim na época. Quando voltei para a escola, convenci meu amigo de que deveríamos passar as noites lendo as palavras em voz alta um para o outro. Em um surto de paixão juvenil e ingenuidade, escrevi uma carta de dez páginas para meus pais, tentando explicar o que tinha vivenciado. Nem preciso dizer que meu pai ateu não aceitou muito bem; minha carta marcou o início de uma grande e lamentável distância entre nós.

Em pouco tempo, no entanto, outras vozes orientadoras apareceram. Fiquei particularmente encantado pelo filósofo e teólogo Alan Watts e seus comentários sobre o zen budismo, e pelos livros de Carlos Castañeda, que buscavam descrever seus estudos com um xamã indígena no México. Outro amigo e eu começamos a explorar esses tópicos de todo o coração, e fiquei muito interessado na experiência de estados de pico, o que vim a conhecer como "estados de *flow*". Juntos, formamos um dedicado grupo (de duas pessoas) de buscadores espirituais. Fizemos yoga e estudamos piano clássico. E, sempre que podíamos, caminhávamos até as montanhas galesas para subir um alto pico e descê-lo o mais rápido possível, na esperança de atingir os estados alterados descritos por Castañeda, nos quais "linhas de energia" podiam ser vistas.

Meio que no embalo, escolhi estudar artes na universidade. (De qualquer forma, eu era espetacularmente ruim em matérias como física ou química.) Nos meses antes de começar meu curso de teatro, peguei-me folheando livros em um sebo em Cecil Court, uma rua no histórico bairro de Covent Garden, em Londres. Eu tinha chegado a um livro pouco conhecido, *Em busca de um teatro pobre*, de Jerzy Grotowski, inovador diretor e teórico teatral polonês. A percepção de que teatro e espiritualidade, no sentido mais amplo, poderiam estar tão interligados iluminou-me por completo. Devorei tudo que pude encontrar sobre Grotowski e me tornei amigo da mulher que escreveu a primeira biografia dele em inglês. Assim que terminei a faculdade, recebi uma bolsa para frequentar seu lendário Laboratório de Teatro em Wroclaw, Polônia.

Grotowski logo se tornou meu primeiro grande mentor. No auge de sua aclamação internacional, ele interrompeu seu trabalho teatral para explorar de forma mais direta os limites da consciência humana. Na Polônia, como descrito anteriormente neste livro, um pequeno grupo de nós foi levado para uma floresta, a um decadente estábulo, que se tornou nossa casa pela semana seguinte.

Fomos informados de que faríamos um experimento: deveríamos parar de falar, ir juntos para a floresta e para o campo ao redor e caminhar ou correr por horas a fio. Embora fosse fevereiro, com temperaturas abaixo de zero, não podíamos usar casacos ou luvas. Depois de retornar, podíamos comer e dormir por apenas duas horas, depois das quais éramos acordados e mandados para começar tudo de novo. Essa rotina continuou por sete dias. Foi desafiador, para dizer o mínimo, mas, apesar do frio intenso e do desconforto, vivenciamos momentos de conexão extraordinária, uns com os outros e com a floresta, os prados e os riachos ao redor.

A experiência ficou gravada em mim desde então. E marcou para mim quão essencial é a experiência da corporificação. Pelos vinte anos seguintes, dediquei-me a explorar e ensinar estados elevados de consciência a atores – em escolas de teatro, incluindo a prestigiosa Royal Academy of Dramatic Art, em Londres, e mais tarde na minha própria companhia. As intensas experiências de "abertura" que alcançamos juntos eram mágicas; não há quase nada tão belo ou poderoso quanto um ser humano cujas células estão vivas com energia e inteligência fluindo, como se vê em performances verdadeiramente grandes na música, dança ou teatro. Dediquei centenas de horas de estudo para determinar as práticas que cultivam tais aberturas, e como induzir intencionalmente esses estados em vez de esperar pelo momento ocasional de graça ao qual todo artista aspira.

Em uma busca sem fim, formei-me em psicossíntese, estudei por dois anos com um mestre de meditação zen e por dois anos com um xamã havaiano, com quem aprendi um tipo muito especial de trabalho corporal que pratiquei profissionalmente e, depois, passei a ensinar. Depois, treinei no Sistema Terapêutico Psicomotor Pesso-Boyden, que analisa os efeitos presentes de memórias traumáticas.

Li muito, considerando as obras de Carl Jung e Ken Wilber particularmente esclarecedoras. Também nutri o amor pela percussão, passando três meses com percussionistas Kodo no Japão e seis meses com um mestre na África Ocidental. Fiz shows apoiando o mestre japonês Joji Hirota e, mais tarde, criei um trio de percussão com o qual gravei dois álbuns. Por fim, comecei a liderar *workshops* intensivos de desenvolvimento pessoal, retiros e programas de um ano. Um dos destaques foi coliderar com dois colegas um retiro de cinco dias para quarenta pessoas no deserto israelense. O retiro culminou em um ritual de pesar de vinte e oito horas, durante o qual toquei tambores por vinte horas.

Em 1997, fiz parte da companhia que inaugurou o reconstruído Globe Theatre em Londres com *Henrique V*, dirigida por meu grande amigo

Richard Olivier. Compus e executei uma trilha sonora de percussão para a produção e apoiei Richard durante o processo de ensaio. Guiamos os atores por processos de nosso trabalho de desenvolvimento pessoal, indo muito além do ensaio convencional. Era uma companhia só de homens, ecoando a época de Shakespeare, e o grupo se uniu profundamente, entregando uma produção que foi uma estreia adequada para um palco tão especial.

Nessa época, Richard foi convidado a explorar *Henrique V* com um grupo de administradores seniores do setor público. No final de três dias, os participantes compartilharam que aprenderam mais sobre liderança por meio daquele processo do que em qualquer um dos programas convencionais de treinamento em gestão dos quais já tinham participado.

Ouvir isso acendeu uma chama em mim.

Já imerso no Movimento Masculino* da época, Richard tinha uma organização que hospedava pessoas como Robert Bly, Michael Meade e Malidoma Some para retiros rituais no Reino Unido. Para orientar o processo do grupo, os líderes de retiro frequentemente utilizavam personagens e temas retirados de mitos históricos e contos de fadas. Conforme explorávamos algumas das maiores histórias conhecidas pela humanidade, a ficha caiu.

Fomos nos dedicando cada vez mais ao desenvolvimento de uma metodologia que chamamos de Mitodrama, que usava as histórias de Shakespeare como uma ferramenta de desenvolvimento para líderes seniores. Recebemos grande apoio de um chefe de departamento visionário na Cranfield School of Management, e o trabalho tomou forma. Embora tenhamos todos nós vindo de carreiras teatrais, vimos

* O Movimento Masculino, também chamado de Movimento dos Homens (em inglês, *Men's Movement*), é um termo que abarca grupos e organizações de homens com objetivos e práticas bastante heterogêneas. O movimento ao qual o autor se refere é conhecido também como Movimento Mitopoético de Homens, uma vertente espiritualista e mais voltada ao desenvolvimento pessoal do que a ações políticas. (N.T.)

evoluir nossa capacidade de entender e nos relacionar com o mundo da liderança empresarial (área bem distante de qualquer palco!). Fazíamos esta piada recorrente com os participantes: "Costumávamos trabalhar com atores neuróticos e inseguros. Agora, trabalhamos com executivos neuróticos e inseguros". Ela sempre arrancava o tipo certo de risada nervosa.

Com a entrada do mestre poeta William Ayot, o trabalho se solidificou e se tornou mais requisitado. Nunca imaginei deixar as artes, mas, em 2001, Richard propôs a William e a mim que abandonássemos o teatro e criássemos uma consultoria. Assim, a Olivier Mythodrama nasceu.

Éramos vanguardistas e rigorosos quanto à qualidade, e nossa habilidade no trabalho só crescia. Isso e a sabedoria de Shakespeare nos trouxeram grande sucesso. Começamos a viajar pelo mundo, oferecendo retiros de dois a cinco dias para líderes seniores de todos as áreas e treinando novas pessoas para trabalhar conosco.

Por vários anos, tudo foi maravilhoso, tivemos mais sucesso do que poderíamos imaginar, mas alguma inquietação começou a se agitar profundamente em minha alma. Aqueles homens eram amigos queridos, e não apenas meus colegas de trabalho, mas eu sabia que chegara minha hora de ir.

Nos oito anos seguintes, concentrei meu foco no desenvolvimento do corpo de trabalho que agora culmina em *O líder que cura*. Passei cinco anos de estudo e prática com meu mentor mais recente, Thomas Hübl, um místico contemporâneo no verdadeiro sentido da palavra. Thomas tem uma capacidade notável de trabalhar com a luz mais elevada das pessoas *e também* suas partes mais profundas e feridas. Meu treinamento e a amizade com ele ajudaram a unificar todos os meus anos anteriores de estudo e prática.

Depois de conhecer e me casar com minha esposa israelense e treinar sob o poderoso processo de Thomas, projetado para lidar com traumas coletivos (frequentemente com grandes grupos de alemães e judeus juntos), a profundidade do sofrimento do meu pai ficou mais clara. E reconheci como as sementes de seu trauma, embora não reconhecidas e não pronunciadas, foram passadas para mim – epigenética, ambiental, culturalmente – e, portanto, passariam para meus filhos a menos que eu quebrasse a corrente. Liderar grupos dedicados à cura de traumas pessoais, intergeracionais e coletivos no Reino Unido, nos EUA, em Israel e no Oriente Médio me deu uma bela perspectiva sobre o quanto nossa cultura é muito mais afetada pelos "fantasmas" ocultos do passado do que percebemos.

Por muitos anos, o assunto principal do meu trabalho com líderes era a presença: o significado de se mostrar com o máximo possível de si mesmo. *O líder que cura* é um aprofundamento natural desse trabalho, e estou comovido e grato pela forma como ele foi recebido por líderes e organizações em todo o mundo. Isso provavelmente não teria sido possível há apenas alguns anos; afinal, "curar" não é bem o que pensamos quando imaginamos CEOs e executivos seniores.

O líder que cura é uma resposta à perigosa e crescente fragmentação dos nossos mundos interior e exterior. Temos tecnologias incríveis para nos ajudar, mas agora precisamos de um desenvolvimento equivalente na consciência. Se quisermos enfrentar os desafios sistêmicos e as crises ecológicas do nosso tempo, se quisermos permitir que nossas organizações prosperem e contribuam para a sociedade, nosso eu emocional, nosso eu ético e nosso eu espiritual também devem se elevar e crescer. Novas e maiores capacidades de liderança são possíveis e estão disponíveis, e são mais urgentemente necessárias do que nunca. Temos que aprender a administrar a nós mesmos, nossas famílias, nossas organizações e nossas sociedades em direção a um futuro mais saudável e vibrante para todos.

Estou totalmente dedicado a servir ao nascimento desse tipo de liderança.

Agradecimentos

A Julie Jordan Avritt; a sensibilidade e o brilhantismo do seu trabalho de edição desempenharam um papel essencial na conclusão do manuscrito final.

A todos da LID Publishing por acreditarem no livro: Alec Egan, Martin Liu e Aiyana Curtis, e Caroline Li pela arte.

Agradecimentos especiais:

A William Ayot e Scilla Elworthy; a extensão e a profundidade de nossas amizades e colaborações, e os dons, coragem e sabedoria que cada um de vocês traz ao mundo enriqueceram imensamente a minha vida.

A Michael Watkins; seu apoio e nosso relacionamento pessoal e profissional ao longo de todos esses anos significam tudo para mim.

A Gene Woods; por tudo o que você é, por tudo o que compartilhamos e por tudo o que está por vir.

A Andrew White; que alegria testemunhar sua evolução e a riqueza de nosso diálogo.

A Michelle McMurry-Heath; nosso trabalho conjunto tem sido profundamente engrandecedor e inspirador.

Amizades próximas com as quais podemos compartilhar as maiores inspirações e os momentos mais sombrios são uma parte essencial do que faz a minha vida valer a pena. Meu profundo agradecimento a Joey Walters, Malcolm Stern, Katherine Menton, Shoshana Heller, Ben Walden, Sola Akingbola, Antonia Guarini, Giuseppe Goffredo, Amir Glogau, David Graffy e Gary Joplin.

Gratidão a todos os membros dos grupos que coordeno no Reino Unido, nos EUA e em Israel, que com tanto comprometimento se dedicam a um trabalho com traumas pessoais, intergeracionais e coletivos. E meus agradecimentos especiais a Christine Gerike e a Robert Buxbaum por nossa jornada de aprendizado mútuo com o grupo de Nova York.

Meu trabalho com líderes começou há mais de vinte e cinco anos e levou à cocriação do Oliver Mythodrama. Obrigado a Richard Olivier e a todos na OMA pela aventura e colaborações.

E a Yael Shazar, por seus esforços incansáveis para levar esse trabalho a Israel.

A Kahu Abraham Kawai'i e Thomas Hubl, dois mestres espirituais, com quem os longos períodos de tremendos estudos iniciáticos trouxeram aprendizado quântico e evolução. E ao Mestre Mingtong Gu pelo glorioso dom do qigong na minha vida cotidiana.

Eu me curvo com admiração aos meus filhos Leila e Gabriel e à minha enteada Gabriella, enquanto testemunho a maneira como cada um de vocês, tão diferentes, está se tornando uma pessoa madura, poderosa e sensível, tendo tanto impacto no mundo.

E à minha esposa Hadassa, sem a qual nada disso teria sido possível. Sua genialidade, criatividade, beleza, empatia e ardor brilham com cada vez mais força. As muitas dimensões da nossa intimidade são mais do que eu poderia ter imaginado ou esperado.

Notas

Prefácio

[1] SCHARMER, C. Otto. *Liderar a partir do futuro que emerge*: a evolução da presença. Tradução de Ivo Korytowski. São Paulo: Alta Books, 2020. 472 p.

Introdução

[1] MCBRIDE, Karyl. Understanding Narcissistic Injury. *Psychology Today*, 25 out. 2020. Disponível em: https://www.psychologytoday.com/us/blog/the-legacy-distorted-love/202010/understanding-narcissistic-injury. Acesso em: 8 ago. 2025.

[2] MCCULLOUGH, Jack. The Psychopathic CEO. *Forbes*, 9 dez. 2019. Disponível em: https://tinyurl.com/y3zc2kwd. Acesso em: 8 ago. 2025.

[3] MCGILCHRIST, Iain. *The Master and His Emissary*. Connecticut: Yale University Press, 2019.

Capítulo 1

[1] SCHARMER, C. Otto. *Liderar a partir do futuro que emerge*: a evolução da presença. Tradução de Ivo Korytowski. São Paulo: Alta Books, 2020. 472 p.

[2] A teoria sujeito-objeto foi desenvolvida e propagada por Robert Kegan, psicólogo norte-americano, e pode ser explorada mais detalhadamente em seu livro *The Evolving Self* (Harvard University Press, 1982).

[3] SAMPLES, Bob. *The Metaphoric Mind*: A Celebration of Consciousness. Massachusetts: Adison-Wesley Publishing Company, 1976. p. 26.

[4] WALTON, Alice G. 7 Ways Meditation can Actually Change the Brain. *Forbes*, 9 fev. 2015. Disponível em: tinyurl.com/y4jf78lx. Acesso em: 3 ago. 2025.

[5] WHAT are brainwaves? *Brainworks Neurotherapy*. Disponível em: tinyurl.com/18o0kck1. Acesso em: 8 ago. 2025.

[6] MCGILCHRIST, Iain. The Divided Brain. *Ted Talk*. RSA Animate, out. 2011. Disponível em: https://www.ted.com/talks/iain_mcgilchrist_the_divided_brain. Acesso em: 8 ago. 2025.

[7] MCGILCHRIST, Iain. *The Master and His Emissary*: The Divided Brain and the Making of the Western World. London: Yale University Press, 2012.

Capítulo 2

[1] GREENSPAN, Miriam. *Healing through the Dark Emotions*: The Wisdom of Grief, Fear and Despair. Boston: Shambhala, 2004.

[2] WHYTE, David. *Consolations*: The Solace, Nourishment and Underlying Meaning of Everyday Words. Edimburgo: Canongate Books, 2019.

[3] BROWN, Brené. *A coragem para liderar*: Trabalho duro, conversas difíceis, corações plenos. Rio de Janeiro: BestSeller, 2019

[4] Para saber mais sobre o tema fundamental do trauma coletivo e como curá-lo, recomendo o livro de Julie Jordan Avritt e Thomas Hübl: *Healing Collective Trauma*: A Process for Integrating Our Intergenerational and Cultural Wounds, publicado em 2020.

[5] TRANSGENERATIONAL inheritance of behavioural and metabolic effects of paternal exposure to traumatic stress in early postnatal life: evidence in the 4th generation. *Environmental Epigenetics*, v. 4, n. 2, abr. 2018. Disponível em: https://doi.org/10.1093/eep/dvy023.

[6] DEANGELIS, Tori. The legacy of trauma: An emerging line of research is exploring how historical and cultural traumas affect survivors' children for generations to come. *American Psychological Association*, v. 50, n. 2, fev. 2019, p. 36.

Capítulo 3

[1] ROBINSON, Ken; ARONICA, Lou. *Creative Schools*: Revolutionizing Education from the Ground Up. Australia: Penguin UK, 2015.

[2] RAY, Reginald. *Touching Enlightenment*: Finding Realization in the Body. Colorado: Sounds True Inc, 2014.

[3] Entrevista para a revista *Rolling Stone*, maio 2003.

[4] POOR posture hurts your joints more than you realize: Three tips to fixing it. *Health Essentials,* 12 dez. 2018. Disponível em: tinyurl.com/3ahdxkyp. Acesso em: 8 ago. 2025..

[5] KRASKA, Karina. Poor Posture Affects More than Your Appearance. *South Orange Chiropractic Center,* 5 maio 2019. Disponível em: https://tinyurl.com/3htj7vfs. Acesso em: 8 ago. 2025.

[6] SAVOIE, Keely. 7 Weird Ways Your Posture Messes with You. *Prevention,* 19 out. 2012. Disponível em: https://tinyurl.com/27h4sw7r. Acesso em: 8 ago. 2025.

[7] CAMPBELL, Joseph. *Power of Myth*. New York: Anchor Books, 1991.

[8] THE Effects of Negative Ions. *Healthline,* 11 set. 2019. Disponível em: https://www.healthline.com/health/negative-ions. Acesso em: 8 ago. 2025.

Capítulo 4

[1] AZIZ, Afdhel. The Power of Purpose: The Business Case for Purpose (All the Data You Were Looking for Pt 2. *Forbes*. 7 mar. 2020. Disponível em: https://tinyurl.com/kywn6maj. Acesso em: 8 ago. 2025.

[2] GANN, Annette; MILBURN, Kelly. *Feel Good. Do Good. Work*. How Caring is Great for Business. Publicação independente, 2020.

[3] TERKEL, Studs. *Working*. New York: MJF Books, 2004.

[4] ALIGHIERI, Dante. *A Divina Comédia*. Tradução de Italo Eugenio Mauro. 4. ed. São Paulo: Editora 34, 2017. 696 p.

[5] SISODIA, Raj; GELB, Michael J. *The Healing Organization*: Awakening the Conscience of Business to Help Save the World. Nashville: HarperCollins Leadership, 2021.

[6] SALZGEBER, Nils. *The Happy Life Formula*: How to Build Your Life Around the New Science of Happiness. Publicação independente, 2018.

[7] Em seu livro *One Unknown* [Um desconhecido], a autora Gill Hicks conta a notável história de como a perda de ambas as pernas no atentado ao metrô de Londres em 2005 transformou sua vida.

Capítulo 5

[1] HOCK, Dee. *Birth of the Chaordic Age.* Oakland: Berrett-Koehler, 1999.

[2] VAUGHAN, Frances E., *Awakening Intuition.* New York: Anchor Books, 1979. p. 153.

[3] Entrevista à revista *Rolling Stone,* set. 2014.

[4] JAWORSKI, Joseph. *Synchronicity*: The Inner Path of Leadership. San Francisco: Berrett-Koehler, 2011. p. 80.

Capítulo 6

[1] GREGERSEN, Erik. History of Technology Timeline. *Britannica,* 2021. Disponível em: https://tinyurl.com/5fh2danm. Acesso em: 3 ago. 2025.

[2] SCHARMER, Otto; KAUFER, Katrin. *Leading from the Emerging Future*: From Ego-System to Eco-System Economies. San Francisco: Berrett Koehler, 2013.

[3] KAKU, Michio. *Physics of the Future*: How Science Will Shape Human Destiny and Our Daily Lives by the Year 2100. New York: Doubleday, 2011. p. 16.

[4] RUSSELL, William F. *Second Wind*: The Memoirs of an Opinionated Man. New York: Random House, 1979.

[5] GROTOWSKI, Jerzy; BARBA, Eugenio (org.). *Towards a Poor Theatre.* Oxfordshire: Routledge, 2002.

Leia mais

GALILEU NOGUEIRA
BDP+
BRANDING DE PERTO
UM GUIA PRÁTICO PARA CONSTRUIR E GERENCIAR SUA MARCA
Planeta ESTRATÉGIA

Adriana Alves
O MANUAL DA
EMPRESA
ANTIRRACISTA
Como transformar a sua
empresa em uma potência
que luta por todos
Planeta ESTRATÉGIA

HENRIQUE MEIRELLES
CALMA
SOB
PRESSÃO
O QUE APRENDI COMANDANDO O BANCO DE BOSTON, O BANCO CENTRAL E O MINISTÉRIO DA FAZENDA
Planeta

Acreditamos
nos livros

Este livro foi composto em Sentinel e Korolev
e impresso pela Geográfica para a Editora
Planeta do Brasil em setembro de 2025.